本書係「敦煌文獻系統性保護整理出版工程」項目成果

二〇二一—二〇三五年國家古籍工作規劃重點出版項目

「十四五」國家重點出版物出版規劃項目

國家古籍整理出版專項經費資助項目

中國國家圖書館藏敦煌文獻

中國國家圖書館 編

第二七册

BD00367～BD00379

國家圖書館出版社

DUNHUANG MANUSCRIPTS IN THE NATIONAL LIBRARY OF CHINA

027

BD00367 ~ BD00379

compiled by the

National Library of China

National Library of China Publishing House

顧問 方廣錩 郝春文 榮新江 李際寧

編纂出版 張志清 魏 崇 陳紅彥 殷夢霞 薩仁高娃
謝冬榮 劉 波 林世田 廖生訓

編纂 林世田 薩仁高娃 常蓋心 于 瑞 劉毅超
劉 波 劉炳梅 周升川 劉 婷 程佳羽
沈艷麗 高 雅

編輯 潘 竹 程魯潔 黃 鑫 苗文葉

審稿 孫 彥 耿素麗 宋志英 鄧咏秋

凡例

一 本書刊布中國國家圖書館藏敦煌文獻，以館藏編號爲序編排。

二 館藏編號采用「BD+流水號」格式，如BD00001, BD16579等。背面在編號後加v表示。一個編號包含多件文獻者，編號後分別綴以字母A, B, C等。一件文獻含有多個内容者，以數字-1, -2, -3等標明順序。

三 圖版有縮印或放大處另加説明，尺寸超出本書幅面的以摺葉形式呈現。

四 卷軸裝、梵夾裝、經摺裝等裝幀形制的敦煌文獻，各附外觀圖像。

五 每件文獻依次呈現外觀、正面、背面等。背面僅刊布有文字、圖像或其他要素的圖版，而略去素紙部分，背面圖版同樣以從右到左順序編排。凡有外題者，遵從以上原則。

六 除個別特殊情況外，爲保證閱讀連貫、流暢，圖版儘量通欄呈現。

七 各葉上方附該件文獻全圖，以高亮形式顯示本葉大圖在全卷中的位置。部分長卷文獻全圖衹能分多段呈現時，在上段末以符標示下段接續。卷尾内容不足一葉時，文獻全圖使用該圖卷尾部分，亦以符標示。背面圖版文字與正面文字方向相反時，文獻全圖按原貌顯示，正文翻轉呈現，以便閱讀研究，用符標示。

八 文獻題名大體沿用中國國家圖書館此前所編多部敦煌文獻目録的考證，部分吸收學界最新研究成果略作調整和完善。文獻題名綜合參考原卷首題、尾題、外題確定，如原卷題名與該文獻正式名稱不同，則采用正式名稱；無題名者，或比定題名，或擬定新名。非漢文文獻在題名前標注語種。有分卷不同等其他情況者，括注於文獻名稱後。

九 本書著録使用通行繁體字，涉及原文中的人名、地名等，必要時保留原字形。

About this publication

1. The documents are presented in shelfmark order.
2. The shelfmarks are in the form BD plus a running number, eg. BD00001, BD16579, &c. If a given shelfmark contains multiple documents, these are distinguished by the letters A, B, C, &c. If a document has multiple contents, they are distinguished by the numbering 1, 2, 3, &c. The verso side of an item is indicated by the letter v.
3. If it has been necessary to reduce or enlarge the size of an illustration, the dimensions are indicated. If the size of an illustration exceeds the size of the book, a folding sheet is used.
4. If the document is a scroll, a folded sutra, or has a stitched binding, a picture of the whole object is provided to show its external appearance.
5. The cover, front, and back of each document are reproduced in sequence. The back of a document is only reproduced if it contains text, illustrations, or other markings, and it is oriented from right to left. If it is blank it is not reproduced.
6. Except in a few special cases, the lines of text are reproduced unbroken to make them coherent and easier to read.
7. An illustration of the complete document is reproduced at the top of each page, and the section where the main illustration appears is highlighted in order to indicate its position. If it has only been possible to reproduce a long scroll in sections, the direction symbol has been used to indicate where one illustration ends and the next one begins. If the end of the scroll occupies less than one page, the direction symbol is used to indicate its position in the illustration of the complete document. If the text on the back of the document has a different orientation from the text on the front, it is reproduced as it is, but is also rotated (indicated with the rotation symbol) so that it can be read easily.
8. The titles of the documents generally conform with those already established by the Library, but in some cases have been amended by drawing on the most recent scholarly research. The titles are derived firstly from the beginning of the text, then from the end of the text, and lastly from the cover. If the title of a document differs from its authoritative form, the authoritative form is used; and if a document has no title, one is either supplied by comparison with similar documents, or a new one is devised. If the document is not in Chinese, its language is indicated before the title. If the number of juan is different from that of the authoritative version, or if there are other irregularities, this is noted.
9. The documents in the book are in traditional Chinese characters. Where the title contains personal or place names, the original characters used for these names are retained.

(Translated by David Helliwell)

第二七册目録

BD00367 妙法蓮華經（八卷本）卷六

（後秦）鳩摩羅什 譯

792.3cm × 25cm

來雖亦歡喜問訊求索治病然與其藥而
不肯服所以者何毒氣深入失本心故於此好
色香藥而謂不美父作是念此子可愍為毒
所中心皆顛倒雖見我喜求索救療如是
好藥而不肯服我今當設方便令服此藥即作
是言汝等當知我今衰老死時已至是好良
藥今留在此汝可取服勿憂不差作是教已
復至他國遣使還告汝父已死是時諸子聞
父背喪心大憂惱而作是念若父在者慈愍
我等能見救護今者捨我遠喪他國自惟孤
露无復恃怙常懷悲感心遂醒悟乃知此藥

已得差尋便來歸咸使見之諸善男子於意
云何頗有人能說此良醫虛妄罪不不也世
尊佛言我亦如是成佛已來无量无邊百
千万億那由他阿僧祇劫為衆生故以方便
力言當滅度亦无有能如法說我虛妄過者
尒時世尊欲重宣此義而說偈言
自我得佛來　所經諸劫數　无量百千万　億載阿僧祇
常說法教化　无數億衆生　令入於佛道　尒來无量劫
為度衆生故　方便現涅槃　而實不滅度　常住此說法
我常住於此　以諸神通力　令顛倒衆生　雖近而不見
衆見我滅度　廣供養舍利　咸皆懷戀慕　而生渴仰心
衆生既信伏　質直意柔軟　一心欲見佛　不自惜身命
時我及衆僧　俱出靈鷲山　我時語衆生　常在此不滅

時我及衆僧　俱出靈鷲山　我時語衆生　常在此不滅
以方便力故　現有滅不滅　餘國有衆生　恭敬信樂者
我復於彼中　爲說无上法　汝等不聞此　但謂我滅度
我見諸衆生　沒在於苦惱　故不爲現身　令其生渴仰
因其心戀慕　乃出爲說法　神通力如是　於阿僧祇劫
常在靈鷲山　及餘諸住處　衆生見劫盡　大火所燒時
我此土安隱　天人常充滿　園林諸堂閣　種種寶莊嚴
寶樹多華菓　衆生所遊樂　諸天擊天鼓　常作衆伎樂
雨曼陀羅華　散佛及大衆　我淨土不毀　而衆見燒盡
憂怖諸苦惱　如是悉充滿　是諸罪衆生　以惡業因緣
過阿僧祇劫　不聞三寶名　諸有脩功德　柔和質直者
則皆見我身　在此而說法　或時爲此衆　說佛壽无量
久乃見佛者　爲說佛難值　我智力如是　慧光照无量

壽命无數劫　久修業所得　汝等有智者　勿於此生疑
當斷令永盡　佛語實不虛　如醫善方便　為治狂子故
實在而言死　无能說虛妄　我亦為世父　救諸苦患者
為凡夫顛倒　實在而言滅　以常見我故　而生憍恣心
放逸著五欲　墮於惡道中　我常知眾生　行道不行道
隨應所可度　為說種種法　每自作是意　以何令眾生
得入无上道　速成就佛身

妙法蓮華經分別功德品第十七

尒時大會聞佛說壽命劫數長遠如是无量
无邊阿僧祇眾生得大饒益於時世尊告弥
勒菩薩摩訶薩阿逸多我說是如來壽命長
遠時六百八十万億那由他恒河沙眾生得无生
法忍復千倍菩薩摩訶薩得聞持陀羅尼

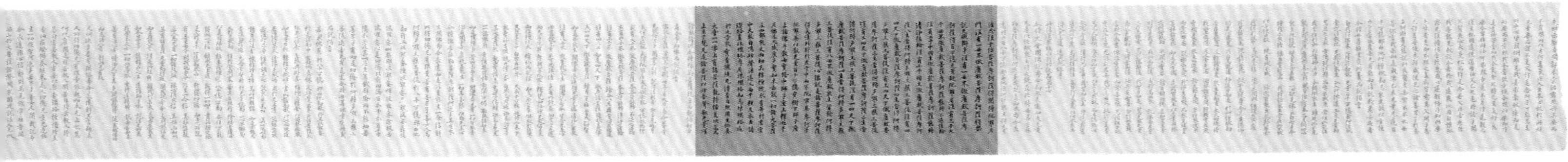

法忍復千倍菩薩摩訶薩得聞持陁羅尼
門復有一世界微塵數菩薩摩訶薩得樂
説无礙辯才復有一世界微塵數菩薩摩
訶薩得百万億无量旋陁羅尼復有三千大
千世界微塵數菩薩摩訶薩能轉不退法輪
復有二千中國土微塵數菩薩摩訶薩能轉
清淨法輪復有小千國土微塵數菩薩摩訶
薩八生當得阿耨多羅三藐三菩提復有四
四天下微塵數菩薩摩訶薩四生當得阿耨
多羅三藐三菩提復有三四天下微塵數菩
薩摩訶薩三生當得阿耨多羅三藐三菩提
復有二四天下微塵數菩薩摩訶薩二生當
得阿耨多羅三藐三菩提復有一四天下微

三菩提復有八世界微塵數衆生皆發阿耨
多羅三藐三菩提心佛說是諸菩薩摩訶薩
得大法利時於虛空中雨曼陀羅華摩訶曼
陀羅華以散无量百千万億寶樹下師子座
上諸佛并散七寶塔中師子座上釋迦牟
尼佛及久滅度多寶如來亦散一切諸大菩薩
及四部衆又雨細末栴檀沉水香等於虛空
中天鼓自鳴妙聲深遠又雨千種天衣垂諸
瓔珞真珠瓔珞摩尼珠瓔珞如意珠瓔珞遍
於九方衆寶香爐燒无價香自然周至供養
大會一一佛上有諸菩薩執持幡蓋次第而
上至于梵天是諸菩薩以妙音聲歌无量頌

上至于梵天是諸菩薩以妙音聲歌无量頌
讚歎諸佛尒時彌勒菩薩從座而起偏袒右
肩合掌向佛而說偈言
佛說希有法　昔所未曾聞　世尊有大力　壽命不可量
无數諸佛子　聞世尊分別　說得法利者　歡喜充遍身
或住不退地　或得陁羅尼　或无礙樂說　万億旋揔持
或有大千界　微塵數菩薩　各各皆能轉　不退之法輪
或有中千界　微塵數菩薩　各各皆能轉　清淨之法輪
復有小千界　微塵數菩薩　餘各八生在　當得成佛道
復有四三二　如是四天下　微塵諸菩薩　隨數生成佛
或一四天下　微塵數菩薩　餘有一生在　當成一切智
如是等衆生　聞佛壽長遠　得无量无漏　清淨之果報

說无量　不可思議法　多有所饒益　如虛空无邊
雨天曼陀羅　摩訶曼陀羅　釋梵如恒沙　无數佛土來
雨栴檀沈水　繽紛而亂墜　如鳥飛空下　供散於諸佛
天鼓虛空中　自然出妙聲　天衣千万種　旋轉而來下
衆寶妙香爐　燒无價之香　自然悉周遍　供養諸世尊
其大菩薩衆　執七寶幡蓋　高妙万億種　次第至梵天
一一諸佛前　寶幢懸勝幡　亦以千万偈　歌詠諸如來
如是種種事　昔所未曾有　聞佛壽无量　一切皆歡喜
佛名聞十方　廣饒益衆生　一切具善根　以助无上心
尒時佛告彌勒菩薩摩訶薩阿逸多其有衆
生聞佛壽命長遠如是乃至能生一念信解
所得功德无有限量若有善男子善女人爲
阿耨多羅三藐三菩提於八十万億那由他

阿耨多羅三藐三菩提於八十万億那由他
劫行五波羅蜜檀波羅蜜尸羅波蜜羼提
波羅蜜毗梨耶波羅蜜禪波羅蜜除般若
波羅蜜以是功德比前功德百分千分百千万
億分不及其一乃至筭數譬喻所不能知若
善男子有如是功德於阿耨多羅三藐三
菩提退者无有是處尒時世尊欲重宣此義
而說偈言
若人求佛慧　於八十万億　那由他劫數　行五波羅蜜
於是諸劫中　布施供養佛　及緣覺弟子　并諸菩薩衆
珎異之飲食　上服與卧具　栴檀立精舍　以園林莊嚴
如是等布施　種種皆微妙　盡此諸劫數　以迴向佛道

諸有得法者　懷於增上慢　為此所輕惱　如是亦能忍
若復勤精進　志念常堅固　於无量億劫　一心不懈怠
又於无數劫　住於空閑處　若坐若經行　除睡常攝心
以是因緣故　能生諸禪定　八十億万劫　安住心不亂
持此一心福　願求无上道　我得一切智　盡諸禪定際
是人於百千　万億劫數中　行此諸功德　如上之所說
有善男女等　聞我說壽命　乃至一念信　其福過於彼
若人悉无有　一切諸疑悔　深心須臾信　其福為如此
其有諸菩薩　无量劫行道　聞我說壽命　是則能信受
如是諸人等　頂受此經典　願我於未來　長壽度衆生
如今日世尊　諸釋中之王　道場師子吼　說法无所畏
我等未來世　一切所尊敬　坐於道場時　說壽亦如是

我等未來世　一切所尊敬　坐於道場時　說壽亦如是
若有深心者　清淨而質直　多聞能總持　隨義解佛語
如是諸人等　於此无有疑
又阿逸多若有聞佛壽命長遠解其言趣是
人所得功德无有限量能起如來无上之慧
何況廣聞是經若教人聞若自持若教人持
若自書若教人書若以華香瓔珞幢幡繒蓋
香油蘇燈供養經卷是人功德无量无邊能
生一切種智阿逸多若善男子善女人聞我說壽
命長遠深心信解則為見佛常在耆闍
崛山共大菩薩諸聲聞衆圍繞說法又見此
娑婆世界其地瑠璃坦然平正閻浮檀金以
界八道[illegible]樹行列諸臺樓觀皆悉寶成其

菩薩咸處其中若有能如是觀者當知是
為深信解相又復如來滅後若聞是經而不毀
呰起隨喜心當知已為深信解相何況讀誦
受持之者斯人則為頂戴如來阿逸多是善
男子善女人不須為我復起塔寺及作僧坊
以四事供養衆僧所以者何是善男子善女
人受持讀誦是經典者為已起塔造立僧坊
供養衆僧則為以佛舍利起七寶塔高廣
漸小至于梵天懸諸幡蓋及衆寶鈴華香瓔珞
末香塗香燒香衆鼓伎樂簫笛箜篌種種儛
戲以妙音聲歌唄讚頌則為於无量千万億
劫作是供養已阿逸多若我滅後聞是經典
有能受持若自書若教人書則為起立僧坊

BD00367　妙法蓮華經（八卷本）卷六

有能受持若自書若教人書則爲起立僧坊
以赤栴檀作諸殿堂三十有二高八多羅樹
高廣嚴好百千比丘於其中止園林流池經
行禪窟衣服飲食床褥湯藥一切樂具充滿
其中如是僧坊堂閣若干百千万億其數无
量以此現前供養於我及比丘僧是故我說
如來滅後若有受持讀誦爲他人說若自書
若教人書供養經卷不須復起塔寺及造僧
坊供養衆僧况復有人能持是經兼行布施
持戒忍辱精進一心智慧其德最勝无量无
邊譬如虛空東西南北四維上下无量无邊
是人功德亦復如是无量无邊疾至一切種智
若人讀誦受持是經爲他人說若自書若教

衆僧亦以百千万億讚歎之法讚歎菩薩功
德又為他人種種因緣隨義解說此法華
經復能清淨持戒與柔和者而共同止忍辱
无瞋志念堅固常貴坐禪得諸深定精進勇
猛攝諸善法利根智慧善荅問難阿逸多若
我滅後諸善男子善女人受持讀誦是經典
者復有如是諸善功德當知是人已趣道場
近阿耨多羅三藐三菩提坐道樹下阿逸多
是善男子若坐若立若行處此中便應起塔
一切天人皆應供養如佛之塔尒時世尊欲重
宣此義而說偈言
若我滅度後　能奉持此經　斯人福无量　如上之所說

若我滅度後　能奉持此經　斯人福无量　如上之所說
是則為具足　一切諸供養　以舍利起塔　七寶而莊嚴
表刹甚高廣　漸小至梵天　寶鈴千万億　風動出妙音
又於无量劫　而供養此塔　華香諸瓔珞　天衣衆伎樂
然香油蘇燈　周帀常照明　惡世法末時　能持是經者
則為已如上　具足諸供養　若能持此經　則如佛現在
以牛頭栴檀　起僧坊供養　堂有三十二　高八多羅樹
上饌妙衣服　牀卧皆具足　百千衆住處　園林諸流池
經行及禪窟　種種皆嚴好　若有信解心　受持讀誦書
若復教人書　及供養經卷　散華香抹香　以須曼瞻蔔
阿提目多伽　熏油常然之　如是供養者　得无量功德
如虛空无邊　其福亦如是　況復持此經　兼布施持戒

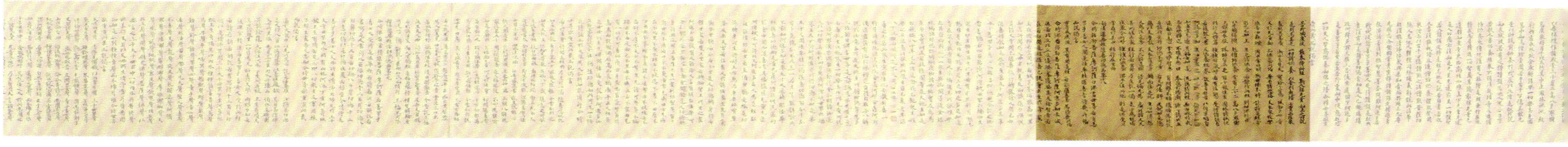

若能行是行　功德不可量　若見此法師　成就如是德
應以天華散　天衣覆其身　頭面接足礼　生心如佛想
又應作是念　不久詣道樹　得无漏无為　廣利諸人天
其所住止處　經行若坐卧　乃至說一偈　是中應起塔
莊嚴令妙好　種種以供養　佛子住此地　則是佛受用
常在於其中　經行及坐卧

妙法蓮華經隨喜功德品第十八

尒時彌勒菩薩摩訶薩白佛言世尊若有善
男子善女人聞是法華經隨喜者得幾所福
而說偈言
世尊滅度後　其有聞是經　若能隨喜者　為得幾所福
尒時佛告彌勒菩薩摩訶薩阿逸多如來滅
後若比丘比丘尼優婆塞優婆夷及餘智者若
長若幼聞是經隨喜已從會出至於餘處

長若幼聞是經隨喜已從會出至於餘處
若在僧坊若空閑地若城邑巷陌聚落田里
如其所聞為父母宗親善友知識隨力演說
是諸人等聞已隨喜復行轉教餘人聞已亦
隨喜轉教如是展轉至第五十阿逸多其第
五十善男子善女人隨喜功德我今說之汝
當善聽若四百萬億阿僧祇世界六趣四生
衆生卵生胎生濕生化生若有形無形有想无
想非有想非無想無足二足四足多足如是
等在衆生數者有人求福隨其所欲娛樂
之具皆給與之一一衆生與滿閻浮提金銀
琉璃硨磲瑪瑙珊瑚虎珀諸妙珎寶及烏馬
車乘七寶所成宮殿樓閣等是大施主如是
布施滿八十年已而作是念我已施衆生娛

八十髮白面皺將死不久我當以佛法而訓
導之即集此眾生宣布法化示教利喜一
時皆得須陁洹道斯陁含道阿那含道阿羅
漢道盡諸有漏於深禪定皆得自在具八解
脫於汝意云何是大施主所得功德寧為多
不彌勒白佛言世尊是人功德甚多无量无邊
若是施主但施眾生一切樂具功德无量何況
令得阿羅漢果佛告彌勒我今分明語汝是
人以一切樂具施於四百萬億阿僧祇世界六趣
眾生又令得阿羅漢果所得功德不如是第
五十人聞法華經一偈隨喜功德百分千分
百千萬億分不及其一乃至筭數譬喻所
不能知阿逸多如是第五十人展轉聞法華
經隨喜功德尚无量无邊阿僧祇何況最初

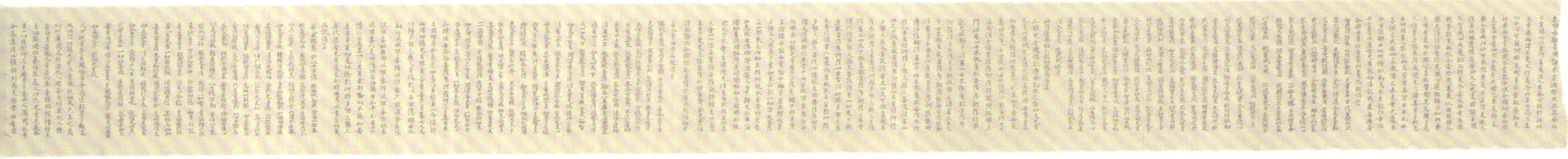

經隨喜功德尚无量无邊阿僧祇何況最初
於會中聞而隨喜者其福復勝无量无邊
阿僧祇不可得比又阿逸多若人為是經故
往詣僧坊若坐若立須臾聽受緣是功
德轉身所生得好上妙象馬車乘珍寶輦
輿及乘天宮若復有人於講法處坐更有人來
勸令坐聽若分座令坐是人功德轉身得帝
釋坐處若梵王坐處若轉輪聖王所坐之處
阿逸多若復有人語餘人言有經名法華可
共往聽即受其教乃至須臾間聞是人功德轉
身得與陁羅尼菩薩共生一處利根智慧百千
萬世終不瘖瘂口氣不臭舌常无病口亦无病
齒不垢黑不黃不踈亦不缺落不差不曲脣不

𦙁亦不曲戾面色不黑亦不狹長亦不窊曲无
有一切不可喜相脣舌牙齒悉皆嚴好鼻脩
高直面貌圓滿眉高而長額廣平正人相具
足世世所生見佛聞法信受教誨阿逸多汝
且觀是勸於一人令往聽法功德如此何況一心聽
說讀誦而於大眾為人分別如說脩行尒時
世尊欲重宣此義而說偈言
若人於法會　得聞是經典　乃至於一偈　隨喜為他說
如是展轉教　至于第五十　最後人獲福　今當分別之
如有大施主　供給无量眾　具滿八十歲　隨意之所欲
見彼衰老相　髮白而面皺　齒踈形枯竭　念其死不久
我今應當教　令得於道果　即為方便說　涅槃真實法
世皆不牢固　如水沫泡焰　汝等咸應當　疾生厭離心
諸人聞是法　皆得阿羅漢　具足六神通　三明八解脫

諸人聞是法　皆得阿羅漢　具足六神通　三明八解脫
最後第五十　聞一偈隨喜　是人福勝彼　不可為譬喻
如是展轉聞　其福尚无量　何況於法會　初聞隨喜者
若有勸一人　將引聽法華　言此經深妙　千万劫難遇
即受教往聽　乃至須臾聞　斯人之福報　今當分別說
世世无口患　齒不踈黃黑　脣不厚褰缺　无有可惡相
舌不乾黑短　鼻高脩且直　額廣而平正　面目悉端嚴
為人所喜見　口氣无臭穢　優鉢華之香　常從其口出
若故詣僧坊　欲聽法華經　須臾聞歡喜　今當說其福
後生天人中　得妙象馬車　珎寶之輦轝　及乘天宮殿
若於講法處　勸人坐聽經　是福因緣得　釋梵轉輪座
何況一心聽　解說其義趣　如說而脩行　其福不可限

妙法蓮華經法師功德品第十九

尒時佛告常精進菩薩摩訶薩若善男子

書寫是人當得八百眼功德千二百耳功德八
百鼻功德千二百舌功德八百身功德千二
百意功德以是功德莊嚴六根皆令清淨是
善男子善女人父母所生清淨肉眼見於三千
大千世界內外所有山林河海下至阿鼻地
獄上至有頂亦見其中一切眾生及業因緣
果報生處悉見悉知尒時世尊欲重宣此義
而說偈言
若於大眾中　以无所畏心　說是法華經　汝聽其功德
是人得八百　功德殊勝眼　以是莊嚴故　其目甚清淨
父母所生眼　悉見三千界　內外彌樓山　須彌及鐵圍
并諸餘山林　大海江河水　下至阿鼻獄　上至有頂天
其中諸眾生　一切皆悉見　雖未得天眼　肉眼力如是
復次常精進若善男子善女人受持此經

復次常精進若善男子善女人受持此經
若讀若誦若解説若書寫得千二百耳功
德以是清淨耳聞三千大千世界下至阿鼻地
獄上至有頂其中內外種種語言音聲象聲
馬聲牛聲車聲啼哭聲愁歎聲螺聲鼓聲
鍾聲鈴聲語聲男聲女聲童子聲童女聲
法聲非法聲苦聲樂聲凡夫聲聖人聲喜聲
不喜聲天聲龍聲夜叉聲乾闥婆聲阿脩
羅聲迦樓羅聲緊那羅聲摩睺羅伽聲火
聲水聲風聲地獄聲畜生聲餓鬼聲比丘聲
比丘聲聲聞聲辟支佛聲菩薩聲佛聲以
要言之三千大千世界中一切內外所有諸聲
雖未得天耳以父母所生清淨常耳皆悉聞
[illegible]

父母所生耳　清淨无濁穢　以此常耳聞　三千世界聲
象馬車牛聲　鍾鈴螺鼓聲　琴瑟箜篌聲　簫笛之音聲
清淨好歌聲　聽之而不著　无數種人聲　聞悉能解了
又聞諸天聲　微妙之歌音　及聞男女聲　童子童女聲
山川嶮谷中　迦陵頻伽聲　命命等諸鳥　悉聞其音聲
地獄衆苦痛　種種楚毒聲　餓鬼飢渴逼　求索飲食聲
諸阿脩羅等　居在大海邊　自共言語時　出于大音聲
如是說法者　安住於此間　遙聞是衆聲　而不壞耳根
十方世界中　禽獸鳴相呼　其說法之人　於此悉聞之
其諸梵天上　光音及遍淨　乃至有頂天　言語之音聲
法師住於此　悉皆得聞之　一切比丘衆　及諸比丘尼
若讀誦經典　若為他人說　法師住於此　悉皆得聞之
復有諸菩薩　讀誦於經典　若為他人說　撰集解其義
如是諸音聲　悉皆得聞之　諸佛大聖尊　教化衆生者

如是諸音聲　悉皆得聞之　諸佛大聖尊　教化衆生者
於諸大會中　演說微妙法　持此法華者　悉皆得聞之
三千大千界　內外諸音聲　下至阿鼻獄　上至有頂天
皆聞其音聲　而不壞耳根　其耳聰利故　悉能分別知
持是法華者　雖未得天耳　但用所生耳　功德已如是
復次常精進若善男子善女人受持是經若
讀若誦若解說若書寫成就八百鼻功德
以是清淨鼻根聞於三千大千世界上下內外
種種諸香須曼那華香闍提華香末利華香
瞻蔔華香波羅羅華香赤蓮華香青蓮華香
白蓮華香華樹香果樹香栴檀香沈水香多
摩羅跋香多伽羅香及千万種和香若末若丸
若塗香持是經者於此間住悉能分別又復別
知衆生之香象香馬香牛羊等香男香女香

所有諸香悉皆得聞分別不錯持是經者雖
住於此亦聞天上諸天之香波利質多羅拘
鞞陀羅樹香及曼陀羅華香摩訶曼陀羅
華香曼殊沙華香摩訶曼殊沙華香栴檀、
沉水種種末香諸雜華香如是等天香和合所
出之香无不聞知又聞諸天身香釋提桓因在
勝殿上五欲娛樂嬉戲時香若在妙法堂上
為忉利諸天說法時香若於諸園遊戲時香
及餘天等男女身香皆悉遥聞如是展轉
乃至梵世上至有頂諸天身香亦皆聞之
并聞諸天所燒之香及聲聞香辟支佛香菩
薩香諸佛身香亦皆遥聞知其所在雖聞此
香然於鼻根不壞不錯若欲分別為他人說、
憶念不謬尒時世尊欲重宣此義而說偈言

憶念不謬　尒時世尊欲重宣此義而說偈言
是人鼻清淨　於此世界中　若香若臭物　種種悉聞知
須曼那闍提　多摩羅栴檀　沉水及桂香　種種華果香
及知衆生香　男子女人香　說法者遠住　聞香知所在
大勢轉輪王　小轉輪及子　群臣諸宮人　聞香知所在
身所著珎寶　及地中寶藏　轉輪王寶女　聞香知所在
諸人嚴身具　衣服及瓔珞　種種所塗香　聞香知其身
諸天若行坐　遊戲及神變　持是法華者　聞香悉能知
諸樹華果實　及蘇油香氣　持經者住此　悉知其所在
諸山深嶮處　栴檀樹華敷　衆生在中者　聞香皆能知
鐵圍山大海　地中諸衆生　持經者聞香　悉知其所在
阿脩羅男女　及其諸眷屬　鬪諍遊戲時　聞香皆能知
曠野險隘處　師子象虎狼　野牛水牛等　聞香知所在
若有懷妊者　未辯其男女　無根及非人　聞香悉能知

以聞香力故　知男女所念　染欲癡恚心　亦知脩善者
地中眾伏藏　金銀諸珍寶　銅器之所盛　聞香悉能知
種種諸瓔珞　无能識其價　聞香知貴賤　出處及所在
天上諸華等　曼陁曼殊沙　波利質多樹　聞香悉能知
天上諸宮殿　上中下差別　眾寶華莊嚴　聞香悉能知
天園林勝殿　諸觀妙法堂　在中而娛樂　聞香悉能知
諸天若聽法　或受五欲時　來往行坐臥　聞香悉能知
天女所著衣　好華香莊嚴　周旋遊戲時　聞香悉能知
如是展轉上　乃至於梵世　入禪出禪者　聞香悉能知
光音遍淨天　乃至于有頂　初生及退沒　聞香悉能知
諸比丘眾等　於法常精進　若坐若經行　及讀誦經法
或在林樹下　專精而坐禪　持經者聞香　悉知其所在
菩薩志堅固　坐禪若讀誦　或為人說法　聞香悉能知
在在方世尊　一切所恭敬　愍眾而說法　聞香悉能知

在在方世尊　一切所恭敬　愍衆而説法　聞香悉能知
衆生在佛前　聞經皆歡喜　如法而脩行　聞香悉能知
雖未得菩薩　无漏法生鼻　而是持經者　先得此鼻相
復次常精進若善男子善女人受持是經若
讀若誦若解説若書寫得千二百舌功德若
好若醜若美不美及諸苦澁物在其舌根皆
變成上味如天甘露无不美者若以舌根於大
衆中有所演説出深妙聲能入其心皆令歡喜
快樂又諸天子天女釋梵諸天聞是深妙音
聲有所演説言語次第皆悉來聽及諸龍龍
女夜叉夜叉女乾闥婆乾闥婆女阿脩羅阿
脩羅女迦樓羅迦樓羅女緊那羅緊那羅女
摩睺羅伽摩睺羅伽女為聽法故皆来親近

…小轉輪王大轉輪王七寶千…
子内外眷屬乘其宮殿俱來聽法以是菩
薩善說法故婆羅門居士國内人民盡其
形壽隨侍供養又諸聲聞辟支佛菩薩諸
佛常樂見之是人所在方面諸佛皆向其處說
法悉能受持一切佛法又能出於深妙法音尒
時世尊欲重宣此義而說偈言
是人舌根淨　終不受惡味　其有所食噉　悉皆成甘露
以深淨妙聲　於大衆說法　以諸因緣喻　引導衆生心
聞者皆歡喜　設諸上供養　諸天龍夜叉　及阿脩羅等
皆以恭敬心　而共來聽法　是說法之人　若欲以妙音
遍滿三千界　隨意即能至　大小轉輪王　及千子眷屬
合掌恭敬心　常來聽受法　諸天龍夜叉　羅刹毗舍闍
亦以歡喜心　常樂來供養　梵天王魔王　自在大自在
如是諸天衆　常來至其所　諸佛及弟子　聞其說法音

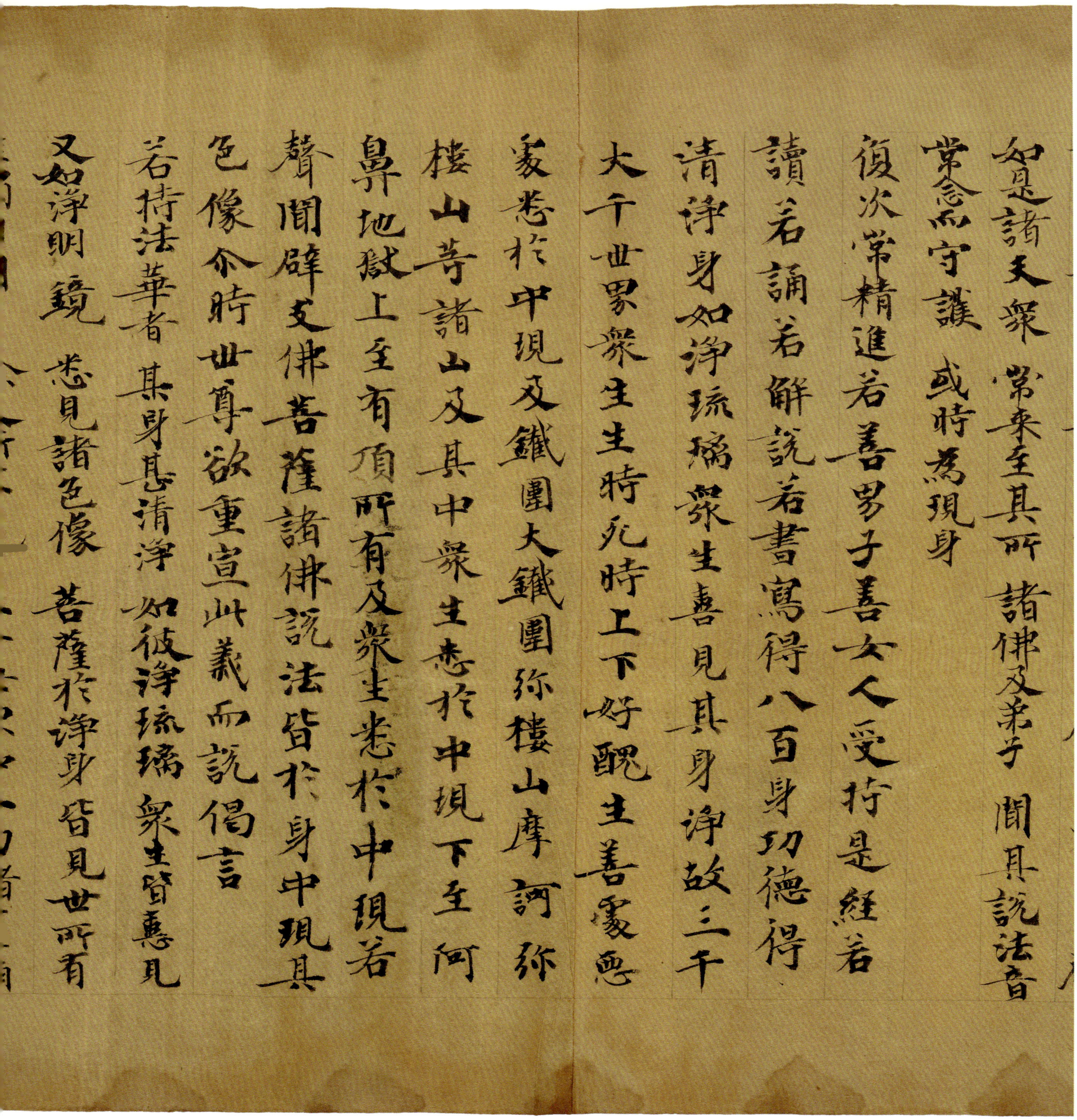

如是諸天衆　常來至其所　諸佛及弟子　聞其說法音
常念而守護　或時爲現身
復次常精進若善男子善女人受持是經若
讀若誦若解說若書寫得八百身功德得
清淨身如淨琉璃衆生喜見其身淨故三千
大千世界衆生生時死時上下好醜生善處惡
處悉於中現及鐵圍大鐵圍彌樓山摩訶彌
樓山等諸山及其中衆生悉於中現下至阿
鼻地獄上至有頂所有及衆生悉於中現若
聲聞辟支佛菩薩諸佛說法皆於身中現其
色像爾時世尊欲重宣此義而說偈言
若持法華者　其身甚清淨　如彼淨琉璃　衆生皆憙見
又如淨明鏡　悉見諸色像　菩薩於淨身　皆見世所有

諸天等宮殿　乃至於有頂　鐵圍及弥樓　摩訶弥樓山
諸大海水等　皆於身中現　諸佛及聲聞　佛子菩薩等
若獨若在衆　說法悉皆現　雖未得无漏　法性之妙身
以清淨常體　一切於中現
復次常精進若善男子善女人如來滅後受持是
經若讀若誦若解說若書寫得千二百意功
德以是清淨意根乃至聞一偈一句通達无
量无邊之義解是義已能演說一句一偈至
於一月四月乃至一歲諸所說法隨其義趣
皆與實相不相違背若說俗間經書治世
語言資生業等皆順正法三千大千世界六趣
衆生心之所行心所動作心所戲論皆悉知
雖未得无漏智慧而其意根清淨如此是
人有所思惟籌量言說皆是佛法无不真

人有所思惟籌量言說皆是佛法无不真
實亦是先佛經中所說尒時世尊欲重宣此
義而說偈言
是人意清淨　明利无穢濁　以此妙意根　知上中下法
乃至聞一偈　通達无量義　次第如法說　月四月至歲
是世界內外　一切諸衆生　若天龍及人　夜叉鬼神等
其在六趣中　所念若干種　持法華之報　一時皆悉知
十方无數佛　百福莊嚴相　為衆生說法　悉聞能受持
思惟无量義　說法亦无量　終始不忘錯　以持法華故
悉知諸法相　隨義識次第　達名字語言　如所知演說
此人有所說　皆是先佛法　以演此法故　於衆无所畏
持法華經者　意根淨若斯　雖未得无漏　先有如是相
是人持此經　安住希有地　為一切衆生　歡喜而愛敬
能以千万種　善巧之語言　分別而說法　持法華經故

妙法蓮華經卷第六

BD00369 維摩詰所說經卷上

（後秦）鳩摩羅什 譯

722cm × 25cm

佛土清
千世界若干百千
國无量功德寶莊嚴土一切大
皆自見坐寶蓮華佛告舍利弗汝且觀是佛
土嚴淨舍利弗言唯然世尊本所不見本所
不聞今佛國土嚴淨悉現佛語舍利弗我國
土常淨若此為欲度斯下劣人故示是衆惡
不淨土耳譬如諸天共寶器食隨其福德飯
色有異如是舍利弗若人心淨便見此土功
德莊嚴當佛現此國土嚴淨之時寶積所
將五百長者子皆得无生法忍八万四千人
發阿耨多羅三藐三菩提心佛攝神足於是
世界還復如故求聲聞乘三万二千天及人

方便品第二
尒時毗耶離大城中有長者名維摩詰已曾
供養无量諸佛深殖善本得无生忍辯才无
閡遊戲神通逮諸摠持獲无所畏降魔勞怨
入深法門善於智度通達方便大願成就明
了衆生心之所趣又能分別諸根利鈍久於佛
道心已純熟決定大乘諸有所作能善思量
住佛威儀心大如海諸佛咨嗟弟子釋梵
世主所敬欲度人故以善方便居毗耶離資財
无量攝諸貧民奉戒清淨攝諸毀禁以忍調
行攝諸恚怒以大精進攝諸懈怠一心禪定
攝諸乱意以決定慧攝諸无智雖為白衣奉
持沙門清淨律行雖處居家不著三界示有
妻子常脩梵行現有眷屬常樂遠離雖服寶

妻子常脩梵行現有眷屬常樂遠離雖服寶
餝而以相好嚴身雖復飲食而以禪悅為味
若至博弈戲處輒以度人受諸異道不毀正
信雖明世典常樂佛法一切見敬為供養中冣
執持正法攝諸長幼一切治生諧偶雖獲俗利
不以喜悅遊諸四衢饒益衆生入治正法救
護一切入講論處導以大乘入諸學堂誘開
僮矇入諸婬舍示欲之過入諸酒肆能立其
志若在長者長者中尊為說勝法若在居
士居士中尊斷其貪著若在剎利剎利中尊
教以忍辱若在婆羅門婆羅門中尊除其我
慢若在大臣大臣中尊教以正法若在王子王
子中尊示以忠孝若在內官內官中尊化正宮
女若在庶民庶民中尊令興福力若在梵天

現无常若在護世護世中尊護諸衆生長者
維摩詰以如是等无量方便饒益衆生以其
方便現身有疾以其疾故國王大臣長者居
士婆羅門等及諸王子并餘官屬无數千人
皆往問疾其往者維摩詰因以身疾廣為說法
諸仁者是身无常无强无力无堅速朽之法不可
信也為苦為惱衆病所集諸仁者如此身明
智者所不怙是身如聚沫不可撮摩是身
如泡不得久立是身如炎從渴愛生是身
如芭蕉中无有堅是身如幻從顛倒起是
身如夢為虛妄見是身如影從業緣現是
身如響屬諸因緣是身如浮雲須臾變滅
是身如電念念不住是身无主為如地是
身无我為如火是身无壽為如風是身无人
為如水是身不實四大為家是身為空離我

身无我為如火是身无壽為如風是身无人
為如水是身不實四大為家是身為空離我
我所是身无知如草木瓦礫是身无作風力
所轉是身不淨穢惡充滿是身為虛偽雖假
以澡浴衣食必歸摩滅是身為灾百一病惱
是身如丘井為老所逼是身无定為要當死
是身如毒虵如怨賊如空聚陰界諸入所共合
成諸仁者此可患猒當樂佛身所以者何佛
身者即法身也從无量功德智慧生從戒定
慧解脫解脫知見生從慈悲喜捨生從布施
持戒忍辱柔和勤行精進禪定解脫三昧生
從多聞智慧諸波羅蜜生從方便生從六通
生從三明生從三十七道品生從止觀生從十
力四无所畏生從十八不共法生從斷一切不
善法集一切善法生從真實生從不放逸

欲得佛身斷一切衆生病者當發阿耨多
羅三藐三菩提心如是長者維摩詰爲諸
問疾者如應説法令无數千人皆發阿耨多
羅三藐三菩提心

弟子品第三

尒時長者維摩詰自念寢疾于牀世尊大
慈寧不垂愍佛知其意即告舍利弗汝行
詣維摩詰問疾舍利弗白言世尊我不堪任
詣彼問疾所以者何憶念我昔曾於林中宴
坐樹下時維摩詰来謂我言唯舍利弗不必
是坐爲宴坐也夫宴坐者不於三界現身意是
爲宴坐不起滅定而現諸威儀是爲宴坐不捨
道法而現凡夫事是爲宴坐心不住内亦不在
外是爲宴坐於諸見不動而脩行三十七品是

外是為宴坐於諸見不動而脩行三十七品是
為宴坐不斷煩惱而入涅槃是為宴坐若能
如是坐者佛所印可時我世尊聞是語已嘿
然而心不能加報故我不任詣彼問疾
佛告大目揵連汝行詣維摩詰問疾目連白
佛言世尊我不堪任詣彼問疾所以者何憶
念我昔入毗耶離大城於里巷中為諸居士
說法時維摩詰来謂我言唯大目連為白衣
居士說法不當如仁者所說夫說法者當如
法說法无衆生離衆生垢故法无有我離我
垢故法无壽命離生死故法无有人前後
際斷故法常寂然滅諸相故法離於相无所緣
故法无名字言語斷故法无有說離覺觀故法
无形相如虛空故法无戲論畢竟空故法无

法故法隨於如无所隨故法住實際諸邊不
動故法无動搖不依六塵故法无去来常不
住故法順於空隨无相應无作法離好醜法
无增損法无生滅法无所歸法過眼耳鼻舌
身心法无高下法常住不動法離一切諸所
觀行唯大目連法相如是豈可說乎夫說法
者无說无示其聽法者无聞无得譬如幻士
為幻人說法當建是意而為說法當了衆生
根有利鈍善於知見无所罣閡以大悲心讚
于大乘念報佛恩不斷三寶然後說法維摩
詰說是法時八百居士發阿耨多羅三藐三
菩提心我无此辯是故不任詣彼問疾
佛告大迦葉汝行詣維摩詰問疾迦葉白佛
言世尊我不堪任詣彼問疾所以者何憶念

BD00369　維摩詰所説經卷上

佛告大迦葉汝行詣維摩詰問疾迦葉白佛
言世尊我不堪任詣彼問疾所以者何憶念
我昔於貧里而行乞時維摩詰来謂我言唯
大迦葉有慈悲心而不能普捨豪富從貧乞
迦葉住平等法應次行乞食為不食故應行
乞食為壞和合相故應取揣食為不受故應
受彼食以空聚想入於聚落所見色与盲
等所聞聲与響等所嗅香与風等所食味
不分別受諸觸如智證知諸法如幻相无自
性无他性本自不然今則无滅迦葉若能不
捨八邪入八解脫以邪相入正法以一食施一切
供養諸佛及衆賢聖然後可食如是食者非有
煩惱非離煩惱非入定意非起定意非住世間
非住涅槃其有施者无大福无小福不為益不

得未曾有即於一切菩薩深起敬心復作是
念斯有家名辯才智慧乃能如是其誰不發
阿耨多羅三藐三菩提心我從是來不復勸
人以聲聞辟支佛行是故不任詣彼問疾
佛告須菩提汝行詣維摩詰問疾須菩提白
佛言世尊我不堪任詣彼問疾所以者何憶
念我昔入其舍從乞食時維摩詰取我鉢盛
滿飯謂我言唯須菩提若能於食等者諸法
亦等諸法等者於食亦等如是行乞乃可取
食若須菩提不斷婬怒癡亦不與俱不壞於
身而隨一相不滅癡愛起於明脫以五逆相
而得解脫亦不縛不解不見四諦非不見諦
非得果非凡夫非離凡夫法非聖人非不聖
人雖成就一切法而離諸法相乃可取食若

人雖成就一切法而離諸法相乃可取食若
須菩提不見佛不聞法彼外道六師富蘭那
迦葉末迦利拘賒梨子珊闍夜毗羅胝子阿
耆多翅舍欽婆羅迦羅鳩馱迦旃延尼乾陁
若提子等是汝之師因其出家彼師所墮汝亦
隨墮乃可取食若須菩提入諸耶見不到彼岸
住於八難不得无難同於煩惱離清淨法汝
得无諍三昧一切衆生亦得是定其施汝者不
名福田供養汝者墮三惡道為与衆魔共
一手作衆勞侶汝与衆魔及諸塵勞等无
有異於一切衆生而有怨心謗諸佛毀於
法不入衆數終不得滅度汝若如是乃可
取食時我世尊聞此語茫然不識是何言
不知以何荅便置鉢欲出其舍維摩詰言唯

一切諸法如幻化相汝今不應有所懼也所以者
何一切言說不離是相至於智者不著文字故
无所懼何以故文字性離无有文字是則解脫
解脫者則諸法也維摩詰說是法時二百天
子得法眼淨故我不任詣彼問疾
佛告富樓那彌多羅尼子汝行詣維摩詰問
疾富樓那白佛言世尊我不堪任詣彼問疾
所以者何憶念我昔於大林中在一樹下為諸
新學比丘說法時維摩詰來謂我言唯富樓
那先當入定觀此人心然後說法无以穢食置
於寶器當知是比丘心之所念无以流璃同
彼水精汝不能知衆生根原无得發起以小
乘法彼自无創勿傷之也欲行大道莫示小
徑无以大海內於牛跡无以日光等彼螢火

住无以大海内於牛跡无以日光等彼螢火
富樓那此比丘久發大乘心中忘此意如何
以小乘法而教導之我觀小乘智慧微淺猶
如盲人不能分別一切衆生根之利鈍時維
摩詰即入三昧令此比丘自識宿命曾於五
百佛所殖衆德本迴向阿耨多羅三藐三菩
提即時豁然還得本心於是諸比丘稽首礼
維摩詰足時維摩詰因爲說法於阿耨多羅
三藐三菩提不復退轉我念聲聞不觀人根
不應說法是故不任詣彼問疾
佛告摩訶迦旃延汝行詣維摩詰問疾迦旃
延白佛言世尊我不堪任詣彼問疾所以者
何憶念昔者佛爲諸比丘略說法要我即於
後敷演其義謂无常義苦義空義无我義寂
滅義時維摩詰来謂我言唯迦旃延无以生

滅是无常義五受陰通達空无所起是苦義
諸法究竟无所有是空義於我无我而不二
是无我義法本不然今則不滅是寂滅義說
是法時彼諸比丘心得解脫故我不任詣彼
問疾
佛告阿那律汝行詣維摩詰問疾阿那律白佛
言世尊我不堪任詣彼問疾所以者何憶念我
昔於一處經行時有梵王名曰嚴淨与萬梵
俱放淨光明來詣我所稽首作礼問我言阿
那律天眼幾何所見我即荅言仁者吾見此
三千大千世界釋迦牟尼佛土如觀掌中阿摩
勒菓時維摩詰來謂我言唯阿那律天眼所見為
作相耶无作相耶假使作相則与外道五通等
若无作相即是无為不應有見世尊我時嘿然

作相耶无作相耶假使作相則与外道五通等
若无作相即是无為不應有見世尊我時嘿然
彼諸梵聞其言得未曾有即為作礼而問曰
世孰有真天眼者維摩詰言有佛世尊得真
天眼常在三昧悉見諸佛國不以二相於是
嚴淨梵王及其眷屬五百梵天皆發阿耨多
羅三藐三菩提心礼維摩詰足已忽然不現故
我不任詣彼問疾
佛告優波離汝行詣維摩詰問疾優波離白
佛言世尊我不堪任詣彼問疾所以者何憶
念我昔有二比丘犯律行以為恥不敢問佛来
謂我言唯優波離我等犯律誠以為恥不敢
問佛願解疑悔得免斯咎我即為其如法解
說時維摩詰来謂我言唯優波離无重增此

垢故衆生垢心淨故衆生淨心亦不在內不在
外不在中間如其心然罪垢亦然諸法亦然不
出於如如優波離以心相得解脫時寧有垢
不我言不也維摩詰言一切衆生心相无垢
亦復如是唯優波離妄想是垢无妄想是淨
顛倒是垢无顛倒是淨取我是垢不取我是
淨優波離一切法生滅不住如幻如電諸法
不相待乃至一念不住諸法皆妄見如夢如
炎如水中月如鏡中像以妄想生其知此者
是名奉律其知此者是名善解於是二比丘
言上智者哉是優波離所不及持律之上而
不能說我即荅言自捨如來未有聲聞及菩
薩能制其樂說之辯其智慧明達為若此也
時二比丘疑悔已除發阿耨多羅三藐三菩

時二比丘疑悔已除發阿耨多羅三藐三菩
提心作是願言令一切衆生皆得是辯故我
不任詣彼問疾
佛告羅睺羅汝行詣維摩詰問疾羅睺羅白
佛言世尊我不堪任詣彼問疾所以者何憶念
昔時毗耶離諸長者子來詣我所稽首作礼
問我言唯羅睺羅汝佛之子捨轉輪王位出
家為道其出家者有何等利我即如法為説
出家功德之利時維摩詰来謂我言唯羅睺羅
不應説出家功德之利所以者何无利无功德
是為出家有為法者可説有利有功德夫出
家者為无為法无為法中无利无功德羅睺
羅夫出家者无彼无此亦无中間離六十二
見處於涅槃智者所受聖所行處降伏衆

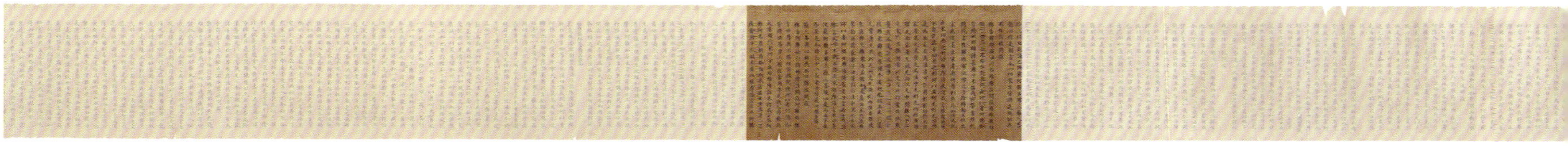

无繫著无我所无所受无擾乱内懷喜護彼
意隨禪定離衆過若能如是是真出家於是維
摩詰語諸長者子汝等於正法中宜共出家
所以者何佛世難值諸長者子言居士我聞
佛言父母不聽不得出家維摩詰言然汝等
便發阿耨多羅三藐三菩提心是即出家是
即具足尒時三十二長者子皆發阿耨多羅三
藐三菩提心故我不任詣彼問疾
佛告阿難汝行詣維摩詰問疾阿難白佛
言世尊我不堪任詣彼問疾所以者何憶念
昔時世尊身小有疾當用牛乳我即持鉢詣
大婆羅門家門下立時維摩詰來謂我言唯阿
難何為晨朝持鉢住此我言居士世尊身小有
疾當用牛乳故來至此維摩詰言止止阿難

疾當用牛乳故来至此維摩詰言止止阿難
莫作是語如来身者金剛之體諸惡已斷衆
善普會當有何疾當有何惱嘿往阿難勿謗
如来莫使異人聞此麁語无令大威德諸天
及他方淨土諸来菩薩得聞斯語阿難轉輪
聖王以小福故尚得无病豈况如来无量福
會普勝者哉行矣阿難勿使我等受斯恥也
外道梵志若聞此語當作是念何名為師自
疾不能救而能救諸疾人可密速去勿使人聞
當知阿難諸如来身即是法身非思欲身佛
為世尊過於三界佛身无漏諸漏已盡佛身
无為不墮諸數如此之身當有何疾時我世
尊實懷慙愧得无近佛而謬聽耶即聞空中

衤其[illegible]

維摩詰智慧辯才為若此也是故不任詣彼

問疾如是上首五百大弟子各各向佛說其

本緣稱述維摩詰所言皆曰不任詣彼問疾

維摩詰經菩薩品第四

於是佛告彌勒菩薩汝行詣維摩詰問疾彌

勒白佛言世尊我不堪任詣彼問疾所以者

何憶念我昔為兜率天王及其眷屬說不退

轉地之行時維摩詰來謂我言彌勒世尊授

仁者記一生當得阿耨多羅三藐三菩提為

用何生得受記乎過去耶未來耶現在耶若

過去生過去生已滅若未來生未來生未至若

現在生現在生无住如佛所說比丘汝今即時

亦生亦老亦滅若以无生得受記者无生即是

正位於正位中亦无受記亦无得阿耨多羅三

亦生亦老亦滅若以无生得受記者无生即是
正位於正位中亦无受記亦无得阿耨多羅三
藐三菩提云何弥勒受一生記乎為從如生
得受記耶為從如滅得受記耶若以如生得
受記者如无有生若以如滅得受記者如无
有滅一切衆生皆如也一切法亦如也衆聖
賢亦如也至於弥勒亦如也若弥勒得受記
者一切衆生亦應受記所以者何夫如者不
一不異若弥勒得阿耨多羅三藐三菩提
者一切衆生皆亦應得所以者何一切衆生
即菩提相若弥勒得滅度者一切衆生亦當滅
度所以者何諸佛知一切衆生畢竟寂滅即
涅槃相不復更滅是故弥勒无以此法誘諸
天子實无發阿耨多羅三藐三菩提心者亦
亦无退者弥勒當令此諸天子捨於分別菩提

心得寂滅是菩提滅諸相故不觀是菩提離
諸緣故不行是菩提无憶念故斷是菩提捨
諸見故離是菩提離諸妄想故鄣是菩提鄣
諸願故不入是菩提无貪著故順是菩提順
於如故住是菩提住法性故至是菩提至實
際故不二是菩提離意法故等是菩提等虛
空故无為是菩提无生住滅故知是菩提了
衆生心行故不會是菩提諸入不會故不合
是菩提離煩惱習故无處是菩提无形色故
假名是菩提名字空故如化是菩提无取捨
故无亂是菩提常自靜故善寂是菩提性清
淨故无取是菩提離攀緣故无異是菩提諸
法等故无比是菩提无可喻故微妙是菩提
諸法難知故世尊維摩詰說是法時二百天

法等故无比是菩提无可喻故微妙是菩提
諸法難知故世尊維摩詰說是法時二百天
子得无生法忍故我不任詣彼問疾
佛告光嚴童子汝行詣維摩詰問疾光嚴
白佛言世尊我不堪任詣彼問疾所以者何
憶念我昔出毗耶離大城時維摩詰方入城
我即爲作礼而問言居士從何所來荅我言吾
從道場來我問道場者何所是荅曰直心是道
場无虛假故發行是道場能辦事故深心是
道場增益功德故菩提心是道場无錯謬故
布施是道場不望報故持戒是道場得願具
足故忍辱是道場於諸衆生心无閡故精進是
道場不懈退故禪定是道場心調柔故智慧是
道場現見諸法故慈是道場等衆生故悲是道
場忍疲苦故喜是道場悅樂法故捨是道場憎

能背捨故方便是道場教化衆生故四攝法
是道場攝衆生故多聞是道場如聞行故伏
心是道場正觀諸法故卅七品是道場捨有
為法故諦是道場不誑世間故緣起是道場
无明乃至老死皆无盡故諸煩惱是道場知
如實故衆生是道場知无我故一切法是道
場知諸法空故降魔是道場不傾動故三
界是道場无所趣故師子吼是道場无所畏
故力无畏不共法是道場无諸過故三明是
道場无餘閡故一念知一切法是道場成就一
切智故如是善男子菩薩若應諸波羅蜜
教化衆生諸有所作舉足下足當知皆從道
場來住於佛法矣說是法時五百天人皆發
阿耨多羅三藐三菩提心故我不任詣彼

阿耨多羅三藐三菩提心故我不任詣彼
問疾
佛告持世菩薩汝行詣維摩詰問疾持世白
佛言世尊我不堪任詣彼問疾所以者何憶
念我昔住於靜室時魔波旬從万二千天女
狀如帝釋鼓樂絃歌來詣我所與其眷屬稽
首我足合掌恭敬於一面立我意謂是帝釋
而語之言善來憍尸迦雖福應有不當自恣
當觀五欲无常以求善本於身命財而脩堅
法即語我言正士受是万二千天女可備掃
灑我言憍尸迦无以此非法之物要我沙門釋
子此非我宜所言未訖時維摩詰來謂我言非
帝釋也是為魔來嬈固汝耳即語魔言是諸

亦不得去即聞空中聲曰波旬以女與之乃可
得去魔以畏故俛仰而與尒時維摩詰語諸
女言魔以汝等與我今汝皆當發阿耨多羅
三藐三菩提心即隨所應而為說法令發道
意復言汝等已發道意有法樂可以自娛不應
復樂五欲樂也天女即問何謂法樂答言樂
常信佛樂欲聽法樂供養衆樂離五欲樂觀
五陰如怨賊樂觀四大如毒虵樂觀內入如
空聚樂隨護道意樂饒益衆生樂供養師樂
廣行施樂堅持戒樂忍辱柔和樂懃集善根
樂禪定不乱樂離垢明慧樂廣菩提心樂降
伏衆魔樂斷諸煩惱樂淨佛國土樂成就相
好故脩諸功德樂嚴道場樂聞深法不畏樂
三脫門不樂非時樂近同學樂於非同學中

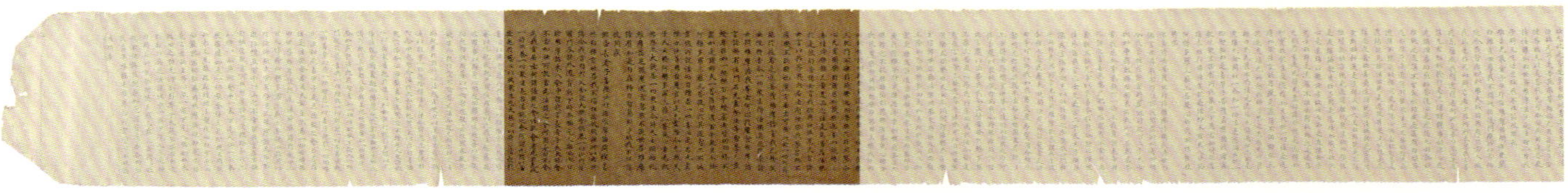

好故脩諸功德樂嚴道場樂聞深法不畏樂
三脫門不樂非時樂近同學樂於非同學中
心无罣閡樂將護惡知識樂近善知識樂心
喜清淨樂脩无量道品之法是為菩薩法樂
於是波旬告諸女言我欲與汝俱還天宮諸
女言以我等與此居士有法樂我等甚樂不
復樂於五欲樂也魔言居士可捨此女一切所有
施於彼者是為菩薩維摩詰言我已捨矣
汝便將去令一切衆生得法願具足於是諸
女問維摩詰我等云何止於魔宮維摩詰
言諸姊有法門名无盡燈汝等當學无盡
燈者譬如一燈燃百千燈冥者皆明明終不
盡如是諸姊夫一菩薩開導百千衆生令發
阿耨多羅三藐三菩提心於其道意亦不滅

子天女發阿耨多羅三藐三菩提心者爲報
佛恩亦大饒益一切衆生尒時天女頭面礼
維摩詰足隨魔還宮忽然不現世尊維摩
詰有如是自在神力智慧辯才故我不任詣
彼問疾
佛告長者子善德汝行詣維摩詰問疾善
德白佛言世尊我不堪任詣彼問疾所以者何
憶念我昔自於父舍設大施會供養一切沙門婆
羅門及諸外道貧窮下賤孤獨乞人期滿七日
時維摩詰來入會中謂我言長者子夫大施會
不當如汝所設當爲法施之會何用是財施會
爲我言居士何謂法施之會法施會者无前无後
一時供養一切衆生是名法施之會何謂也謂以菩
提起於慈心以救衆生起大悲心以持正法起於

提起於慈心以救衆生起大悲心以持正法起於
善心以攝智慧行於捨心以攝慳貪起檀波羅
蜜以化犯戒起尸羅波羅蜜以无我法起羼提
波羅蜜以離身心相起毗離耶波羅蜜以菩提
相起禪波羅蜜以一切智起般若波羅蜜教化
衆生而起於空不捨有爲法而起无相亦現受生
而起无作護持正法起方便力以度衆生起四攝
法以敬事一切起除慢法於身命財起三堅法於
六念中起思念法於六和敬起質直心正行善法
起於淨命心淨歡喜起近賢聖不憎惡人起調伏
心以出家法起於深心以如說行起於多聞以无
諍法起空閑處趣向佛慧起於宴坐解衆生縛起
脩行地以具相好及淨佛土起福德業知一切衆生心

一切善業以得一切智慧一切善法起於一切助佛
道法如是善男子是為法施之會若菩薩
住是法施會者為大施主亦為一切世間福
田世尊維摩詰說是法時婆羅門衆中二
百人皆發阿耨多羅三藐三菩提心我時心
得清淨歎未曾有稽首礼維摩詰足即解
瓔珞價直百千以上之不肯取我言居士願
必納受隨意所與維摩詰乃受瓔珞分作二
分持一分施此會中一最下乞人持一分奉
彼難勝如來一切衆會皆見光明國土難勝
如來又見珠瓔在彼佛上變成四柱寶臺四
面嚴飾不相鄣蔽時維摩詰現神變已作
是言若施主等心施一最下乞人猶如如來
福田之相无所分別等于大悲不求果報是

福田之相无所分别等于大悲不求果報是
則名曰具足法施城中一最下乞人見是神
力聞其所說發阿耨多羅三藐三菩提心故
我不任詣彼問疾如是諸菩薩各各向佛
說其本緣稱述維摩詰所言皆曰不任詣
彼問疾

BD00370

金剛壇廣大清净陀羅尼經

（唐）曇倩 譯

152.8cm×26.4cm

是自心顛倒妄想見如是事作是語已一切
愁苦赫然除滅踊躍歡喜平復如故世尊一
切衆生癡盲顛倒亦復如是爲諸妄想所迷乱
故於諸境界隨喜貪愛以自纏縛復不了知
男女（相）相幻化虛爲而於其中更相染着念
念之中造作無量染汙不善身口意業而復
於中互相分別是男是女耽染愛著生常
相樂猶如猛利欲因緣故而復追求受用所須
種種資具以是因緣於諸境界順違紛起展
轉能生無量鬪諍從茲則有猜嫌怨恨互
相酬郄瞋恚猛盛或相煞害危身亡家憂
怖無量或復從此失心狂乱或復因茲夭逝

生憂怖親交眷屬尋共告言此是夢中虛
妄所見都無真實諸佛如来告示衆生亦復
如是汝等癡盲四顛倒故昏眠黑暗夢想宅
中目翳真明心馳妄境分别計度男女好醜
愛憎善惡不能於中曉了觀照無男想無女
想無我想無人想無衆生想無壽命無養育
一切皆歸虛誑不實一切諸法因緣似有從
妄想生空無主宰無生無起無住無著如夢
如幻如水中月如鏡中像無可除汙無貪瞋
癡乃至無有一法定相勿於其中執著迷悶
如有衆生聞此法已豁然驚悟方能了知一
切諸法本際平等法尒空淨貪瞋癡等無

如有衆生處此法已容[illegible]一
切諸法本際平等法尒空淨貪瞋癡等無
量煩惱所不能汙復能照見一切諸法性自解
脫無有繫縛無有障㝵亦無所在無所斷滅
世尊是諸衆生聞此法門其心廣大猶如虛
空展轉增進當漸證入涅槃世尊我亦如是
方便智惠觀於地獄尒時佛告文殊師利法
子王言善哉善哉如汝所說應作是見應作是
解觀於地獄乃至三界一切衆生及一切法
亦復應作如是觀察文殊室利若有能作
如是觀行皆當證入無生法忍尒時世尊說
是法時十千菩薩一時證得無生法忍是諸
菩薩同聲唱言希有世尊希有世尊希
[illegible]

何能□堪持受法□言持說是二法

尒時文殊室利法王子白佛言世尊唯願如
來為諸菩薩垂慈廣說不二法門令諸菩
薩方便證入甚深法門世尊有諸菩薩摩訶
薩住是甚深不二法門便能發起决斷明智
於一切法無所沉沒能与無量百千菩薩宣
揚論議甚深廣大微妙法門能与一切諸魔
境界而住道場能与与一切塵勞惡法為菩提
種而於其中無所分別具足成就無导辯才
於諸法門演說無滯世尊是諸菩薩循何
方便能入如是不可思議不二法門
尒時佛告文殊室利法王子言善哉善哉汝
令諦聽善思念之我今為汝敷揚顯說不二
告聞文殊室利告諸菩薩摩訶薩等得聞

爾時佛告曼殊室利汝之所言善哉善哉汝
今諦聽善思念之我今爲汝敷揚顯說不二
法門曼殊室利若諸菩薩摩訶薩等得聞如
是不二法門深生領解則能了達知菩提煩惱
無有差别曼殊室利而白佛言誠如聖說願
樂欲聞佛言曼殊室利當知無明爲菩提種
則是清淨陁羅尼門曼殊室利復白佛言云
何無明爲菩提種佛言曼殊室利無所得處
是無明性亦無所得無有起滅無起滅故無
垢無淨性自淨故是菩提種復次當知無
明空性無在無著無生無起以是義故如來
說言菩提煩惱無有差别曼殊室利是無明
性不可得故名無所得當知即是無明解脫
陁羅尼門曼殊室利菩薩由是清淨陁羅尼門咸

[illegible]
辯才無㝵辯才深妙辯才文殊室利一切諸
行是菩提種則是清淨陁羅尼門文殊室利
復白佛言云何諸行為菩提種佛言文殊室
利如是諸行超過筭數不可筭數不可稱量
諸行因緣染汙和合便受生死於生死中亦無
來去無來去故當知則是諸行觧脫陁羅尼
門文殊室利當知識支是菩提種文殊室
利復白佛言云何識支為菩提種佛言文殊
室利如是諸識猶如幻化虗誑因緣而得生起文
殊室利汝復應知如是幻識因緣建立思念
妄想和合而生愚癡衆生於妄識中便生種
種計著分別於當來世決定求成菩提佛果
神通相好為世間尊轉大法輪利樂衆生如

神通相好為世間尊轉大法輪利樂衆生如
是菩提亦從因緣和合建立都無實性究竟
於中無所得故同於幻識分別生故我從往
昔坐菩提樹無有少法成於佛果亦不見有
緣覺果法聲聞果法乃至不見凡夫等法曼
殊室利當知則是識支解脫陁羅尼門曼殊
室利當知名色是菩提種曼殊室利復白佛
言云何名色為菩提種佛言曼殊室利是名

BD00371 瑜伽師地論卷三四

彌勒菩薩 說

(唐)玄奘 譯

327.1cm × 26.3cm

瑜伽師地論卷第廿四　彌勒菩薩說
本地分中聲聞地第十三第四瑜伽處之二　三藏法師玄奘奉　詔譯
如是已辯往世間道若樂往趣出世間道應
當依止四聖諦境漸次生起七種作意所謂
冣初了相作意冣後加行究竟果作意乃
至證得阿羅漢果
脩瑜伽師於四聖諦略標廣辯增上教法聽
聞受持或於作意已善脩習或得根本靜慮
无色由四種行了苦諦相謂无常行苦行空
行无我行由四種行了集諦相謂因行集行
起行緣行由四種行了滅諦相謂滅行靜行

察苦諦能隨悟入苦諦四行何等爲十一衰異
行二滅壞行三別離行四法性行五合會行
六結縛行七不可愛行八不隱行九无所
得行十不在行如是十行依證成道理
能正觀察此中且依至教量理如世尊說諸
行无常又此諸行略有二種一有情世間二器
世間世尊依彼有情世間說如是言苾芻
當知我以過人清淨天眼觀諸有情死時生
時廣說乃至身壞已後當生善趣天世界中由
此法門顯示世尊以淨天眼現見一切有情世
間是无常住又世尊言苾芻當知此器世間
長時安住過是已後漸次乃至七日輪現如七
日經廣說乃至有大地諸山大海及蘓

日經廣說乃至有大地諸山大海及蘓
迷盧大寶山王乃梵世諸器世界皆被焚
燒灾火滅後灰燼不現乃至餘影亦不可得
由此法門世尊顯示諸器世間是无常性如
是且依至教量理脩觀行者淨信增上作意
力故於一切行无常之性獲得決定得決定
已即由如是淨信增上作意力故數數尋思
觀察一切現見不皆不由他緣无常之性云
何數數尋思觀察謂先安立內外二事言內
事者謂六處等言外事者有十六種一者地
事謂城邑聚落舍市廛等二者園事謂藥草
叢林等三者山事謂種種山安布差別四者
水事謂江河陂湖衆流池沼五者作業事六

十三者香鬘塗飾事十四者資生具事十五
者諸光明事十六者男女承奉事如是名為
十六種事安立如是內外事已復於彼事現
見增上作意力故以變異行尋思觀察无常
之性此中內事有十五種所作變異及有八
種變異因緣云何內事有十五種所作變異
一分作所作變異二顯色所作變異三形色
所作變異四興衰所作變異五支節具不具
所作變異六劬勞所作變異七他所損害所
作變異八寒熱所作變異九威儀所作變異
十觸對所作變異十一雜染所作變異十二疾
病所作變異十三終沒所作變異十四青
病等所作變異十五一切不現盡滅所作變
異云何八種變異因緣一積時貯畜二地所

[illegible]
異云何八種變異因緣一積時貯畜二地所
損害三受用虧損四時節變異五火所焚燒
六水所漂爛七風所皷燥八異緣會遇積時
貯畜者謂有色諸法雖於好處安置守護
而經久時自然敗壞其色衰損變異可得他所
損害者謂種種色法若爲於他種種搖打種
種損害即便種種形色變異受用虧損者謂
各別屬主種種色物受者受用增上力故損
減變異時節變異者謂秋冬時叢林藥草
花葉果等萎黄零落於春夏時枝葉花果
青翠繁茂火所焚燒者謂大火縱逸焚燒村邑
國城王都悉爲灰燼水所漂爛者謂大水洪
湧漂蕩村邑國城王都悉皆淪沒風所皷燥
[illegible]

相異緣[illegible]
苦受觸緣苦受觸受苦受時遇樂觸緣不苦
不樂受觸受不苦不樂受時遇樂受觸或苦
受觸又有會者會遇瞋緣貪纏止息發起瞋
纏如是有瞋癡者會遇異分煩惱生緣當知
亦尒如是瞋識正現在前會遇聲香味觸境
等餘境餘緣起異分識其餘一切如理應知是
名八種變異因緣一切有色及无色法所
有變異皆由如是八種因緣除此更无若過
若增云何尋思內事分位所作變壞无常之性
謂由麁見或自或他從少年位乃至老位諸行
相續前後差別年不相似見是事已便作是
念如是諸行其性无常何以故此內分位前
後變異現可得故云何尋思內事顯色所
作變異无常之性謂由麁見或自或他先有

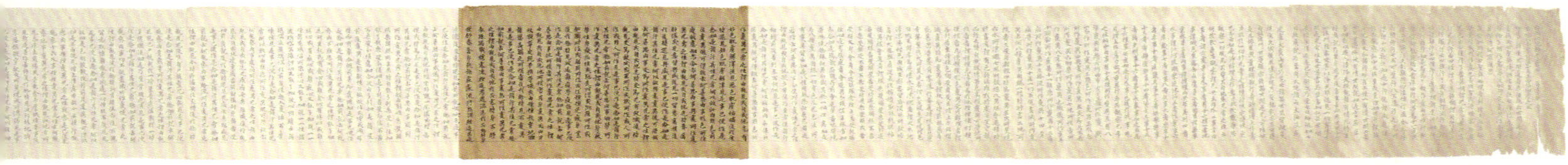

作變異无常之性謂由覩見或自或他先有妙色肌膚鮮澤後見惡色肌膚枯槁復於後時還見妙色肌膚鮮澤見是事已便作是念如是諸行其性无常何以故此内顯色前後變異現可得故云何尋思内事形色所作瘦故應知亦尒云何尋思内事興衰所作變異无常之性謂由覩見或自或他先時眷屬財位衰見悉皆興盛後見一切皆悉衰損後於後時還見興盛見是事已便作是念如是諸行其性无常何以故興衰變異現可得故云何尋思内事交節所作變異无常之性謂由覩見或自或他先時交節无有缺減後時覩見交節缺減或王所作或賊所作或人所作或非人所作見是事已便作是念如是諸行

勞性身疲極性或馳走所作或跳踊所作或
趒躑所作或騙騎所作或作種種迅疲身業
後於餘時見彼遠離疲勞疲極見是事已便
作是念如是諸行其性无常餘如前說云何
尋思內事他所損害所作變異无常之性謂
由觀見或自或他他所損害其身變異或由刀
杖鞭革皮繩矛矟等壞或由種種蚊虻虵蠍
諸惡毒觸之所損害後於餘時見不變異
見是事已便作是念如是諸行其性无常餘
如前說云何尋思內事寒熱所作變異无常
之性謂由觀見或自或他於正寒時身不舒
泰踡跼戰慄寒凍纏逼希遇溫陽於正熱時身
體舒泰奮身乾語霡霂流汗熱渴纏逼希遇

體膚泰奮身乾語霢霂流汗熱渴纏逼希遇
清涼復至寒時還見如前所說相狀見是事
已便作是念如是諸行其性无常餘如前說
云何尋思内事威儀所作變異无常之性謂
由觀見或自或他行住坐卧隨一威儀或時為
損或時為益見是事已便作是念如是諸行
其性无常餘如前說云何尋思内事觸對
所作變異无常之性謂觸由對順樂受觸
領樂觸緣所生樂時自能了別樂受分位如
能了別樂受分位如是了別苦受分位不苦
不樂受分位應知亦彼由了別如是諸受
前後變異是新新性非故故性或增或減暫
時而有率爾現前尋即變壞知是事已便作

[illegible]

先所生起或有貪心或離貪心有瞋心或離
瞋心或有癡心或離癡心又能了知隨一一
種諸隨煩惱所染汙心又能了知隨一一種諸
隨煩惱不染汙心又能了知彼心相續由諸
煩惱及隨煩惱於前後位趣入變壞不變
壞性見是事已便作是念如是諸行其性无
常何以故心由雜染所作變異現可得故云
何觀察內事疾病所作變異无常之性諸由
觀見或自或他先无疾病安樂強盛後時觀
見或自或他遭重病苦觸對猛利身諸苦受
如前廣說後於餘時還見无病安樂強盛見
是事已便作是念如是諸行其性无常餘如
前說云何觀察內事終沒所作變異无常之
性謂由觀見今時存活安住支持後於餘時

前說去何觀察內事終沒所作變異无常之
性謂由觀見今時存活安住支持後於餘時
觀見死沒唯有尸骸空无心識見是事已便
便是念如是諸行其性无常餘如前說去何
觀察內青瘀等所作變異无常之性謂由觀
見死已尸骸或於一時至青瘀位或於一時
至膿爛位如是乃至骨鎖之位見是事已便
作是念如是諸行其性无常餘如前說去何
觀察內事切不現盡滅所作變壞无常之
性謂由觀見彼於餘時此骨鎖位亦復不現
皆悉敗壞離散磨滅遍一切種眼不復見見
是事已便作是念如是諸行其性无常何以
故如是色相數數改轉前後變異現可得故
如是且由現見增上作意力故十五種行觀

觀察十六外事種種變異无常之性云何觀
察地事變異无常之性謂由觀見此地方所
先未造立道場天寺宅舍市鄽城牆等事後
見新造善作善飾後於餘時見彼朽故圮坼
零落頹毀穿缺火所焚燒水所漂蕩見是事
已便作是念如是諸行其性无常何以故如
是色相前後轉變現可得故云何觀察園事
變異无常之性謂先觀見諸園苑中藥草叢
林花菓枝葉悉皆茂盛青翠丹暉甚可愛樂
後於後時見彼枯槁无諸花菓柯葉零落火所
焚燒水所漂蕩見是事已便作是念如是諸
行其性无常餘如前說云何觀察山事變異无
常之性謂於一時觀其山藪林蓊鬱聳石
巉巖後於一時見彼藪林巉巖聳石彫殘
頹毀高下參差火所焚燒水所漂蕩見事是

頽毀高下參差火所焚燒水所漂蕩見事是
已便作是念如是諸行其性无常餘如前說
云何觀察水事變異无常之性說先一時見

BD00371　瑜伽師地論卷三四

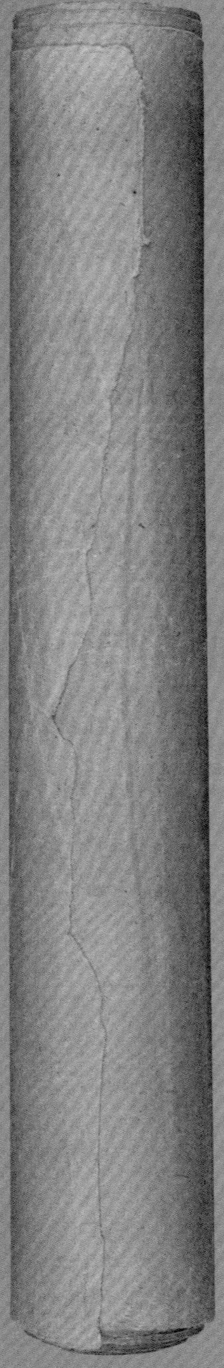

BD00372 大般若波羅蜜多經卷二三五

（唐）玄奘 譯

595.3cm × 25.7cm

淨故四無所畏四無礙解大慈大悲大喜大
捨十八佛不共法清淨四無所畏乃至十八
佛不共法清淨故一切智智清淨何以故若
四靜慮清淨若四無所畏乃至十八佛不共
法清淨若一切智智清淨無二無二分無別
無斷故善現四靜慮清淨故無忘失法清淨
無忘失法清淨故一切智智清淨何以故若
四靜慮清淨若無忘失法清淨若一切智智
清淨無二無二分無別無斷故四靜慮清淨
故恒住捨性清淨恒住捨性清淨故一切智
智清淨何以故若四靜慮清淨若恒住捨性
清淨若一切智智清淨無二無二分無別無
斷故善現四靜慮清淨故一切智清淨一切
智清淨故一切智智清淨

無二分無別無斷故四靜慮清淨故道相智
一切相智清淨道相智一切相智清淨故一切
智智清淨何以故若四靜慮清淨若道相
智一切相智清淨若一切智智清淨無二無
二分無別無斷故善現四靜慮清淨故一切
陁羅尼門清淨一切陁羅尼門清淨故一切
智智清淨何以故若四靜慮清淨若一切陁
羅尼門清淨若一切智智清淨無二無二分
無別無斷故四靜慮清淨故一切三摩地門
清淨一切三摩地門清淨故一切智智清淨
何以故若四靜慮清淨若一切三摩地門清
淨若一切智智清淨無二無二分無別無斷
故
善現四靜慮清淨故預流果清淨預流果清

故
善現四靜慮清淨故預流果清淨預流果清
淨故一切智智清淨何以故若四靜慮清淨
若預流果清淨若一切智智清淨無二無二
分無別無斷故四靜慮清淨故一來不還阿
羅漢果清淨一來不還阿羅漢果清淨故一
切智智清淨何以故若四靜慮清淨若一來
不還阿羅漢果清淨若一切智智清淨無二
無二分無別無斷故善現四靜慮清淨故獨
覺菩提清淨獨覺菩提清淨故一切智智
清淨何以故若四靜慮清淨若獨覺菩提
清淨若一切智智清淨無二無二分無別無斷故
善現四靜慮清淨故一切菩薩摩訶薩行清
淨一切菩薩摩訶薩行清淨故一切智智清

別無斷故善現四靜慮清淨故諸佛無上正
等菩提清淨諸佛無上正等菩提清淨故一
切智智清淨何以故若四靜慮清淨若諸佛
無上正等菩提清淨若一切智智清淨無二
無二分無別無斷故
復次善現四無量清淨故色清淨色清淨故
一切智智清淨何以故若四無量清淨若色
清淨若一切智智清淨無二無二分無別無
斷故四無量清淨故受想行識清淨受想行
識清淨故一切智智清淨何以故若四無量
清淨若受想行識清淨若一切智智清淨無
二無二分無別無斷故善現四無量清淨故
眼處清淨眼處清淨故一切智智清淨何以
故若四無量清淨若眼處清淨若一切智智

故若四無量清淨若眼處清淨若一切智智
清淨無二無二分無別無斷故四無量清淨
故耳鼻舌身意處清淨耳鼻舌身意處清淨
故一切智智清淨何以故若四無量清淨若
耳鼻舌身意處清淨若一切智智清淨無二
無二分無別無斷故善現四無量清淨故色
處清淨色處清淨故一切智智清淨何以故
若四無量清淨若色處清淨若一切智智清
淨無二無二分無別無斷故四無量清淨故
聲香味觸法處清淨聲香味觸法處清淨故
一切智智清淨何以故若四無量清淨若聲
香味觸法處清淨若一切智智清淨無二無
二分無別無斷故善現四無量清淨故眼界
清淨眼界清淨故一切智智清淨何以故若

界眼識界及眼觸眼觸為緣所生諸受清淨
色界乃至眼觸為緣所生諸受清淨故一切
智智清淨何以故若四無量清淨若色界乃
至眼觸為緣所生諸受清淨若一切智智清
淨無二無二分無別無斷故善現四無量清
淨故耳界清淨耳界清淨故一切智智清淨
何以故若四無量清淨若耳界清淨若一切
智智清淨無二無二分無別無斷故四無量
清淨故聲界耳識界及耳觸耳觸為緣所生
諸受清淨聲界乃至耳觸為緣所生諸受清
淨故一切智智清淨何以故若四無量清淨
若聲界乃至耳觸為緣所生諸受清淨若一
切智智清淨無二無二分無別無斷故善現

切智智清淨無二無二分無別無斷故善現
四無量清淨故鼻界清淨鼻界清淨故一切
智智清淨何以故若四無量清淨若鼻界清
淨若一切智智清淨無二無二分無別無斷
故四無量清淨故香界鼻識界及鼻觸鼻
觸爲緣所生諸受清淨香界乃至鼻觸爲緣所
生諸受清淨故一切智智清淨何以故若四
無量清淨若香界乃至鼻觸爲緣所生諸受
清淨若一切智智清淨無二無二分無別無
斷故善現四無量清淨故舌界清淨舌界清
淨故一切智智清淨何以故若四無量清淨
若舌界清淨若一切智智清淨無二無二分
無別無斷故四無量清淨故味界舌識界
及舌觸舌觸爲緣所生諸受清淨味界乃至舌

所生諸受清淨若一切智智清淨無二無二
分無別無斷故善現四無量清淨故身界清
淨身界清淨故一切智智清淨何以故若四
無量清淨若身界清淨若一切智智清淨無
二無二分無別無斷故四無量清淨故觸界
身識界及身觸身觸為緣所生諸受清淨觸
界乃至身觸為緣所生諸受清淨故一切智
智清淨何以故若四無量清淨若觸界乃至
身觸為緣所生諸受清淨若一切智智清淨
無二無二分無別無斷故善現四無量清淨
故意界清淨意界清淨故一切智智清淨何
以故若四無量清淨若意界清淨若一切智
智清淨無二無二分無別無斷故四無量清
淨故法界意識界及意觸意觸為緣所生諸

智清淨無二無二分無別無斷故四無量清
淨故法界意識界及意觸意觸為緣所生諸
受清淨法界乃至意觸為緣所生諸受清淨
故一切智智清淨何以故若四無量清淨若
法界乃至意觸為緣所生諸受清淨若一切
智智清淨無二無二分無別無斷故善現四
無量清淨故地界清淨地界清淨故一切智
智清淨何以故若四無量清淨若地界清淨
若一切智智清淨無二無二分無別無斷故
四無量清淨故水火風空識界清淨水火風
空識界清淨故一切智智清淨何以故若四
無量清淨若水火風空識界清淨若一切智
智清淨無二無二分無別無斷故善現四無
量清淨故無明清淨無明清淨故一切智智
清淨何以

無量清淨故行識名色六處觸受愛取有生
老死愁歎苦憂惱清淨行乃至老死愁歎苦
憂惱清淨故一切智智清淨何以故若四無
量清淨若行乃至老死愁歎苦憂惱清淨若
一切智智清淨無二無二分無別無斷故
善現四無量清淨故布施波羅蜜多清淨布
施波羅蜜多清淨故一切智智清淨何以故
若四無量清淨若布施波羅蜜多清淨若一
切智智清淨無二無二分無別無斷故四無
量清淨故淨戒安忍精進靜慮般若波羅蜜
多清淨淨戒乃至般若波羅蜜多清淨故一
切智智清淨何以故若四無量清淨若淨戒
乃至般若波羅蜜多清淨若一切智智清淨

BD00372　大般若波羅蜜多經卷二二五

乃至般若波羅蜜多清淨若一切智智清淨
無二無二分無別無斷故善現四無量清淨
故内空清淨内空清淨故一切智智清淨何
以故若四無量清淨若内空清淨若一切智
智清淨無二無二分無別無斷故四無量清
淨故外空内外空空空大空勝義空有為空
無為空畢竟空無際空散空無變異空本性
空自相空共相空一切法空不可得空無性
空自性空無性自性空清淨外空乃至無性
自性空清淨故一切智智清淨何以故若四
無量清淨若外空乃至無性自性空清淨若
一切智智清淨無二無二分無別無斷故善
現四無量清淨故真如清淨真如清淨故一
切智智清淨何以故若四無量清淨若真如

變異性平等性離生性法定法住實際虛空
界不思議界清淨法界乃至不思議界清淨
故一切智智清淨何以故若四無量清淨若
法界乃至不思議界清淨若一切智智清淨
無二無二分無別無斷故善現四無量清淨
故苦聖諦清淨苦聖諦清淨故一切智智清
淨何以故若四無量清淨若苦聖諦清淨若
一切智智清淨無二無二分無別無斷故四
無量清淨故集滅道聖諦清淨集滅道聖諦
清淨故一切智智清淨何以故若四無量清
淨若集滅道聖諦清淨若一切智智清淨
無二無二分無別無斷故善現四無量清淨故
四靜慮清淨四靜慮清淨故一切智智清淨
何以故若四無量清淨若四靜慮清淨若一

BD00372　大般若波羅蜜多經卷二二五

四靜慮清淨四靜慮清淨故一切智智清淨
何以故若四無量清淨若四靜慮清淨若一
切智智清淨無二無二分無別無斷故四無
量清淨故四無色定清淨四無色定清淨故
一切智智清淨何以故若四無量清淨若四
無色定清淨若一切智智清淨無二無二分
無別無斷故善現四無量清淨故八解脫清
淨八解脫清淨故一切智智清淨何以故若
四無量清淨若八解脫清淨若一切智智清
淨無二無二分無別無斷故四無量清淨故
八勝處九次第定十遍處清淨八勝處九次
第定十遍處清淨故一切智智清淨何以故
若四無量清淨若八勝處九次第定十遍處
清淨若一切智智清淨無二無二分無別無

清淨若四念住清淨若一切智智清淨無二
無二分無別無斷故四無量清淨故四正斷
四神足五根五力七等覺支八聖道支清淨
四正斷乃至八聖道支清淨故一切智智清
淨何以故若四無量清淨若四正斷乃至八
聖道支清淨若一切智智清淨無二無二分
無別無斷故善現四無量清淨故空解脫門
清淨空解脫門清淨故一切智智清淨何以
故若四無量清淨若空解脫門清淨若一切
智智清淨無二無二分無別無斷故四無量
清淨故無相無願解脫門清淨無相無願解
脫門清淨故一切智智清淨何以故若四無
量清淨若無相無願解脫門清淨若一切智
智清淨無二無二分無別無斷故善現四無

量清淨若無相無願解脫門清淨若一切智
智清淨無二無二分無別無斷故善現四無
量清淨故菩薩十地清淨菩薩十地清淨故
一切智智清淨何以故若四無量清淨若菩
薩十地清淨若一切智智清淨無二無二分
無別無斷故
善現四無量清淨故五眼清淨五眼清淨故
一切智智清淨何以故若四無量清淨若五
眼清淨若一切智智清淨無二無二分無別
無斷故四無量清淨故六神通清淨六神通
清淨故一切智智清淨何以故若四無量清
淨若六神通清淨若一切智智清淨無二無
二分無別無斷故善現四無量清淨故佛十
力清淨佛十力清淨故一切智智清淨何以

清淨故四無所畏四無礙解大慈大悲大喜大
捨十八佛不共法清淨四無所畏乃至十八
佛不共法清淨故一切智智清淨何以故若
四無量清淨若四無所畏乃至十八佛不共
法清淨若一切智智清淨無二無二分無別
無斷故善現四無量清淨故無忘失法清淨
無忘失法清淨故一切智智清淨何以故若
四無量清淨若無忘失法清淨若一切智智
清淨無二無二分無別無斷故四無量清淨
故恒住捨性清淨恒住捨性清淨故一切智
智清淨何以故若四無量清淨若恒住捨性
清淨若一切智智清淨無二無二分無別無
斷故善現四無量清淨故一切智清淨一切
智清淨故一切智智清淨何以故若四無量

斷故善現四無量清淨故一切智清淨一切
智清淨故一切智智清淨何以故若四無量
清淨若一切智清淨若一切智智清淨無二
無二分無別無斷故四無量清淨故道相智
一切相智清淨道相智一切相智清淨故一
切智智清淨何以故若四無量清淨若道相
智一切相智清淨若一切智智清淨無二無
二分無別無斷故善現四無量清淨故一切
陁羅尼門清淨一切陁羅尼門清淨故一切
智智清淨何以故若四無量清淨若一切陁
羅尼門清淨若一切智智清淨無二無二分
無別無斷故四無量清淨故一切三摩地門
清淨一切三摩地門清淨故一切智智清淨
何以故若四無量清淨若一切三摩地門清
淨若一切智智清淨無二無二分

善現四無量清淨故預流果清
淨故一切智智清淨何以故若四無量清淨
若預流果清淨若一切智智清淨無二無二
分無別無斷故四無量清淨故一來不還阿
羅漢果清淨一來不還阿羅漢果清淨故一
切智智清淨何以故若四無量清淨若一來
不還阿羅漢果清淨若一切智智清淨無二
無二分無別無斷故善現四無量清淨故獨
覺菩提清淨獨覺菩提清淨故一切智智清
淨何以故若四無量清淨若獨覺菩提清淨
若一切智智清淨無二無二分無別無斷故
善現四無量清淨故一切菩薩摩訶薩行清
淨一切菩薩摩訶薩行清淨故一切智智清
淨何以故若四無量清淨若一切菩薩摩訶

淨何以故若四無量清淨若一切菩薩摩訶
薩行清淨若一切智智清淨無二無二分無
别無斷故善現四無量清淨故諸佛無上正
等菩提清淨諸佛無上正等菩提清淨故一
切智智清淨何以故若四無量清淨若諸佛
無上正等菩提清淨若一切智智清淨無二
無二分無别無斷故
復次善現四無色定清淨故色清淨色清淨
故一切智智清淨何以故若四無色定清淨
若色清淨若一切智智清淨無二無二分無
别無斷故四無色定清淨故受想行識清淨
受想行識清淨故一切智智清淨何以故若
四無色定清淨若受想行識清淨若一切
智智清淨無二無二分無别無斷故善現四無

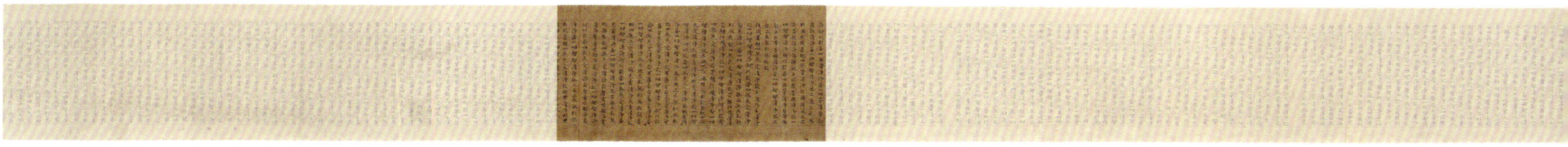

智清淨何以故若四無色定清淨若眼處清
淨若一切智智清淨無二無二分無別無斷
故四無色定清淨故耳鼻舌身意處清淨耳
鼻舌身意處清淨故一切智智清淨何以故
若四無色定清淨若耳鼻舌身意處清淨若
一切智智清淨無二無二分無別無斷故善
現四無色定清淨故色處清淨色處清淨故
一切智智清淨何以故若四無色定清淨若
色處清淨若一切智智清淨無二無二分無
別無斷故四無色定清淨故聲香味觸法處
清淨聲香味觸法處清淨故一切智智清淨
何以故若四無色定清淨若聲香味觸法處
清淨若一切智智清淨無二無二分無別無
斷故善現四無色定清淨故眼界清淨眼界
清淨故一切智智清淨何以故若四無色定

斷故善現四無色定清淨故眼界清淨眼界
清淨故一切智智清淨何以故若四無色定
清淨若眼界清淨若一切智智清淨無二無
二分無別無斷故四無色定清淨故色界眼
識界及眼觸眼觸爲緣所生諸受清淨色界
乃至眼觸爲緣所生諸受清淨故一切智智
清淨何以故若四無色定清淨若色界乃至
眼觸爲緣所生諸受清淨若一切智智清淨
無二無二分無別無斷故善現四無色定清
淨故耳界清淨耳界清淨故一切智智清淨
何以故若四無色定清淨若耳界清淨若一
切智智清淨無二無二分無別無斷故四無
色定清淨故聲界耳識界及耳觸耳觸爲緣
所生諸受清淨聲界乃至耳觸爲緣所生諸
受清淨故一切智智清淨何以故若四無

淨若一切智智清淨無二無二分無別無斷
故善現四無色定清淨故鼻界清淨鼻界清
淨故一切智智清淨何以故若四無色定清
淨若鼻界清淨若一切智智清淨無二無二
分無別無斷故四無色定清淨故香界鼻識
界及鼻觸鼻觸爲緣所生諸受清淨香界乃
至鼻觸爲緣所生諸受清淨故一切智智清
淨何以故若四無色定清淨若香界乃至鼻
觸爲緣所生諸受清淨若一切智智清淨無
二無二分無別無斷故善現四無色定清淨
故舌界清淨舌界清淨故一切智智清淨何
以故若四無色定清淨若舌界清淨若一切
智智清淨無二無二分無別無斷故四無色
定清淨故味界舌識界及舌觸舌觸爲緣所

BD00372　大般若波羅蜜多經卷二二五

定清淨故味界舌識界及舌觸舌觸爲緣所
生諸受清淨味界乃至舌觸爲緣所生諸受
清淨故一切智智清淨何以故若四無色定
清淨若味界乃至舌觸爲緣所生諸受清淨
若一切智智清淨無二無二分無別無斷故
善現四無色定清淨故身界清淨身界清淨
故一切智智清淨何以故若四無色定清淨
若身界清淨若一切智智清淨無二無二分
無別無斷故四無色定清淨故觸界身識界
及身觸身觸爲緣所生諸受清淨觸界乃至
身觸爲緣所生諸受清淨故一切智智清淨
何以故若四無色定清淨若觸界乃至身觸
爲緣所生諸受清淨若一切智智清淨無二
無二分無別無斷故善現四無色定清淨故

智清淨無二無二分無別無斷故四無色定
清淨故法界意識界及意觸意觸為緣所生
諸受清淨法界乃至意觸為緣所生諸受清
淨故一切智智清淨何以故若四無色定清
淨若法界乃至意觸為緣所生諸受清淨若
一切智智清淨無二無二分無別無斷故善
現四無色定清淨故地界清淨地界清淨故
一切智智清淨何以故若四無色定清淨若
地界清淨若一切智智清淨無二無二分無
別無斷故四無色定清淨故水火風空識界
清淨水火風空識界清淨故一切智智清淨
何以故若四無色定清淨若水火風空識界
清淨若一切智智清淨無二無二分無別無
斷故善現四無色定清淨故無明清淨無明

斷故善現四無色定清淨故無明清淨無明
清淨故一切智智清淨何以故若四無色定
清淨若無明清淨若一切智智清淨無二無
二分無別無斷故四無色定清淨故行識名
色六處觸受愛取有生老死愁歎苦憂惱清
淨行乃至老死愁歎苦憂惱清淨故一切智
智清淨何以故若四無色定清淨若行乃至
老死愁歎苦憂惱清淨若一切智智清淨無
二無二分無別無斷故

大般若波羅蜜多經卷第二百七十五

BD00373

妙法蓮華經卷六

（後秦）鳩摩羅什 譯

249cm × 25.5cm

善男子善女人父母所生清淨肉眼見於三千大千世界内外所有山林河海下至阿鼻地獄上至有頂亦見其中一切衆生及業因緣果報生處悉見悉知尒時世尊欲重宣此義而說偈言

若於大衆中　以无所畏心　說是法華經　汝聽其功德
是人得八百　功德殊勝眼　以是莊嚴故　其目甚清淨
父母所生眼　悉見三千界　内外彌樓山　須彌及鐵圍
并諸餘山林　大海江河水　下至阿鼻獄　上至有頂天
其中諸衆生　一切皆悉見　雖未得天眼　肉眼力如是

復次常精進若善男子善女人受持此經若讀若誦若解說若書寫得千二百耳功德以是清淨耳聞三千大千世界下至阿鼻地獄

鍾聲鈴聲咲聲語聲男聲女聲童子聲童女
聲法聲非法聲苦聲樂聲凡夫聲聖人聲喜
聲不喜聲天聲龍聲夜叉聲乾闥婆聲阿脩
羅聲迦樓羅聲緊那羅聲摩睺羅伽聲火聲
水聲風聲地獄聲畜生聲餓鬼聲比丘聲比丘
尼聲聲聞聲辟支佛聲菩薩聲佛聲以要言
之三千大千世界中一切內外所有諸聲雖未
得天耳以父母所生清淨常耳皆悉聞知如
是分別種種音聲而不壞耳根尒時世尊欲
重宣此義而說偈言

父母所生耳　清淨无濁穢　以此常耳聞　三千世界聲
象馬車牛聲　鍾鈴蠡鼓聲　琴瑟箜篌聲　簫笛之音聲
清淨好歌聲　聽之而不著　无數種人聲　聞悉能解了
又聞諸天聲　微妙之歌音　及聞男女聲　童子童女聲

又聞諸天聲　微妙之歌音　及聞男女聲　童子童女聲
山川險谷中　迦陵頻伽聲　命命等諸鳥　悉聞其音聲
地獄衆苦痛　種種楚毒聲　餓鬼飢渴逼　求索飲食聲
諸阿脩羅等　居在大海邊　自共言語時　出于大音聲
如是說法者　安住於此間　遥聞是衆聲　而不壞耳根
十方世界中　禽獸鳴相呼　其說法之人　於此悉聞之
其諸梵天上　光音及遍淨　乃至有頂天　言語之音聲
法師住於此　悉皆得聞之
一切比丘衆　及諸比丘尼　若讀誦經典　若為他人說
法師住於此　悉皆得聞之
復有諸菩薩　讀誦於經法　若為他人說　撰集解其義
如是諸音聲　悉皆得聞之
諸佛大聖尊　教化衆生者　於諸大會中　演說微妙法
持此法華者　悉皆得聞之

持是法華者　雖未得天耳　但用所生耳　功德已如是
復次常精進若善男子善女人受持是經若
讀若誦若解說若書寫成就八百鼻功德以
是清淨鼻根聞於三千大千世界上下內外
種種諸香須曼那華香闍提華香末利華香
瞻蔔華香波羅羅華香赤蓮華香青蓮華香
白蓮華香華樹香果樹香旃檀香沈水香多
摩羅跋香多伽羅香及千万種和香若末若
丸若塗香持是經者於此間住悉能分別又
復別知眾生之香象香馬香牛羊等香男香
女香童子香童女香及草木叢林香若近若
遠所有諸香悉皆得聞分別不錯持是經者
雖住於此亦聞天上諸天之香波利質多羅
拘鞞陀羅樹香及曼陀羅華香摩訶曼陀羅

拘鞞陁羅樹香及曼陁羅華香摩訶曼陁羅
華香曼殊沙華香摩訶曼殊沙華香旃檀沈
水種種末香諸雜華香如是等天香和合所
出之香无不聞知又聞諸天身香釋提桓因
在勝殿上五欲娛樂嬉戲時香若在妙法堂
上為忉利諸天說法時香若於諸園遊戲時
香及餘天等男女身香皆悉遥聞如是展轉
乃至梵世上至有頂諸天身香亦皆聞之并
聞諸天所燒之香及聲聞香辟支佛香菩薩
香諸佛身香亦皆遥聞知其所在雖聞此香
然於鼻根不壞不錯若欲分別為他人說憶念
不謬尒時世尊欲重宣此義而說偈言
是人鼻清淨　於此世界中　若香若臭物　種種悉聞知
須曼那闍提　多摩羅旃檀　沈水及桂香　種種華果香

[illegible]

身所著珎寶　及地中寶藏　轉輪王寶女　聞香知所在

諸人嚴身具　衣服及瓔珞　種種所塗香　聞則知其身

諸天若行坐　遊戲及神變　持是法華者　聞香悉能知

諸樹華果實　及蘇油香氣　持經者住此　悉知其所在

諸山深嶮處　栴檀樹華敷　衆生在中者　聞香皆能知

鐵圍山大海　地中諸衆生　持經者聞香　悉知其所在

阿脩羅男女　及其諸眷屬　鬪諍遊戲時　聞香皆能知

曠野險隘處　師子象虎狼　野牛水牛等　聞香知所在

若有懷妊者　未辯其男女　无根及非人　聞香悉能知

以聞香力故　知其初懷任　成就不成就　安樂產福子

以聞香力故　知男女所念　染欲癡恚心　亦知脩善者

地中衆伏藏　金銀諸珎寶　銅器之所盛　聞香悉能知

種種諸瓔珞　无能識其價　聞香知貴賤　出處及所在

天上諸華等　曼陀曼殊沙　波利質多樹　聞香悉能知

天上諸華等　曼陁曼殊沙　波利質多樹　聞香悉能知
天上諸宮殿　上中下差別　衆寶華莊嚴　聞香悉能知
天園林勝殿　諸觀妙法堂　在中而娛樂　聞香悉能知
諸天若聽法　或受五欲時　往來行坐臥　聞香悉能知
天女所著衣　好華香莊嚴　周旋遊戲時　聞香悉能知
如是展轉上　乃至於梵世　入禪出禪者　聞香悉能知
光音遍淨天　乃至于有頂　初生及退沒　聞香悉能知
諸比丘衆等　於法常精進　若坐若經行　及讀誦經法
或在林樹下　專精而坐禪　持經者聞香　悉知其所在
菩薩志堅固　坐禪若讀誦　或為人說法　聞香悉能知
在在方世尊　一切所恭敬　愍衆而說法　聞香悉能知
衆生在佛前　聞經皆歡喜　如法而脩行　聞香悉能知
雖未得菩薩　无漏法生鼻　而是持經者　先得此鼻相
復次常精進若善男子善女人受持是經若
讀若誦若解說若書寫得千二百舌功德若

變成上味如天甘露无不美者若以舌根於
大衆中有所演說出深妙聲能入其心皆令歡
喜快樂又諸天子天女釋梵諸天聞是深
妙音聲有所演說言論次第皆悉來聽及諸
龍龍女夜叉夜叉女乾闥婆乾闥婆女阿脩羅
阿脩羅女迦樓羅迦樓羅女緊那羅緊那羅女
摩睺羅伽摩睺羅伽女為聽法故皆來親
近恭敬供養及比丘比丘尼優婆塞優婆
夷國王王子群臣眷屬小轉輪王大轉輪王
七寶千子內外眷屬乘其宮殿俱來聽法以
是菩薩善說法故婆羅門居士國內人民盡
其形壽隨侍供養又諸聲聞辟支佛菩薩諸
佛常樂見之是人所在方面諸佛皆向其處
說法悉能受持一切佛法又能出於深妙

佛常樂見之是人所在方面諸佛皆向其處
說法悉能受持一切佛法又能出於深妙法
音尒時世尊欲重宣此義而說偈言
是人舌根淨 終不受惡味 其有所食噉 悉皆成甘露
以深淨妙聲 於大衆說法 以諸因緣喻 引導衆生心
聞者皆歡喜 設諸上供養
諸天龍夜叉 及阿脩羅等 皆以恭敬心 而共來聽法
是說法之人 若欲以妙音 遍滿三千界 隨意即能至
大小轉輪王 及千子眷屬 合掌恭敬心 常來聽受法
諸天龍夜叉 羅刹毗舍闍 亦以歡喜心 常樂來供養
梵天王魔王 自在大自在 如是諸天衆 常來至其所
諸佛及弟子 聞其說法音 常念而守護 或時為現身
復次常精進若善男子善女人受持是經若
讀若誦若解說若書寫得八百身功德得清

[illegible]
處悉於中現及鐵圍大鐵圍弥樓山摩訶弥
樓山等諸山及其中眾生悉於中現下至阿
鼻地獄上至有頂所有及眾生悉於中現若
聲聞辟支佛菩薩諸佛說法皆於身中現其
色像尒時世尊欲重宣此義而說偈言

若持法華者　其身甚清淨　如彼淨瑠璃　眾生皆喜見
又如淨明鏡　悉見諸色像　菩薩於淨身　皆見世所有
唯獨自明了　餘人所不見
三千世界中　一切諸羣萌　天人阿脩羅　地獄鬼畜生
如是諸色像　皆於身中現
諸天等宮殿　乃至於有頂　鐵圍及弥樓　摩訶弥樓山
諸大海水等　皆於身中現
諸佛及聲聞　佛子菩薩等　若獨若在眾　說法悉皆現
雖未得无漏　法性之妙身　以清淨常體　一切於中現

雖未得无漏　法性之妙身　以清淨常體　一切於中現
復次常精進若善男子善女人如來滅後受
持是經若讀若誦若解說若書寫得千二百
意功德以是清淨意根乃至聞一偈一句通
達无量无邊之義解是義已能演說一句一
偈至於一月四月乃至一歲諸所說法隨其

BD00374 維摩詰所説經卷上

（後秦）鳩摩羅什 譯

976.1cm × 25cm

網菩薩寶杖菩薩无
菩薩珠髻菩薩弥勒菩
菩薩如是等三万二千
復有万梵天王尸棄
而聴法復有万二千天帝亦從
會坐并餘大威力諸天龍神夜叉乾闥
脩羅迦樓羅緊那羅摩睺羅伽等悉來
坐諸比丘比丘尼優婆塞優婆夷俱來會坐
彼時佛與无量百千之衆恭敬圍遶而為說
法譬如須弥山王顯于大海安處衆寶師子
之坐蔽於一切諸來大衆
尒時毗耶離城有長者子名曰寶積與五百
長者子俱持七寶蓋來詣佛所頭面礼足各

相悉於中現又此三千大千世界諸須弥雪
山目真隣陁山摩訶目真隣陁山香山寶山
金山黑山鐵圍山大鐵圍山大海江河川流
泉源及日月星辰天宮龍宮諸尊神宮悉
現於寶蓋中又十方諸佛諸佛說法亦現於
寶蓋中尒時一切大衆覩佛神力歎未曾有
合掌礼佛瞻仰尊顔目不暫捨長者子寶
積即於佛前以偈頌曰
目淨脩廣如青蓮　心淨已度諸禪定
久積淨業稱无量　導衆以寂故稽首
既見大聖以神變　普現十方无量土
其中諸佛演說法　於是一切悉見聞
法王法力超羣生　常以法財施一切

法王法力超羣生　常以法財施一切
能善分別諸法相　於第一義而不動
已於諸法得自在　是故稽首此法王
說法不有亦不无　以因緣故諸法生
无我无造无受者　善惡之業亦不亡
始在佛樹力降魔　得甘露滅覺導成
已无心意无受行　而悉摧伏諸外道
三轉法輪於大千　其輪本來常清淨
天人得道此爲證　三寶於是現世間
以斯妙法濟羣生　一受不退常寂然
度老病死大醫王　當礼法海德无邊
毁譽不動如須弥　於善不善等以慈
心行平等如虛空　熟聞人寶不敬承

悉見世間諸所有　十力哀現是變化
衆覩希有皆歎佛　今我稽首三界尊
大聖法王衆所歸　淨心觀佛靡不欣
各見世尊在其前　斯則神力不共法
佛以一音演說法　衆生隨類各得解
皆謂世尊同其語　斯則神力不共法
佛以一音演說法　衆生各各隨所解
普得受行獲其利　斯則神力不共法
佛以一音演說法　或有恐畏或歡喜
或生猒離或斷疑　斯則神力不共法
稽首十力大精進　稽首已得无所畏
稽首住於不共法　稽首一切大導師
稽首能斷衆結縛　稽首已到於彼岸

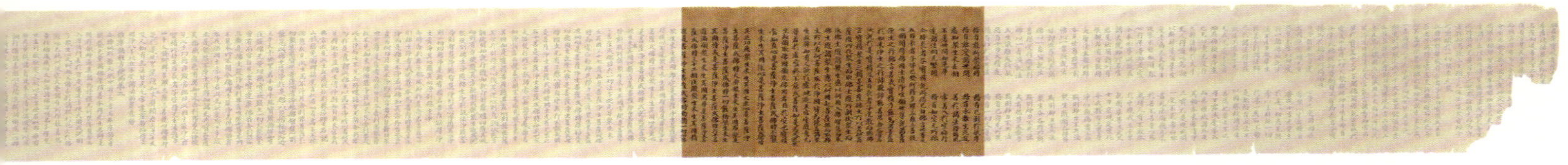

稽首能斷衆結縛　稽首已到於彼岸
稽首能度諸世間　稽首永離生死道
悉知衆生來去相　善於諸法得解脫
不著世間如蓮華　常善入於空寂行
達諸法相无罣閡　稽首如空无所依
尒時長者子寶積說此偈已白佛言世尊是
五百長者子皆已發阿耨多羅三藐三菩提
心願聞得佛國土清淨唯願世尊說諸菩薩
淨土之行佛言善哉寶積乃能爲諸菩薩問
於如來淨土之行諦聽諦聽善思念之當爲
汝說於是寶積及五百長者子受教而聽佛
言寶積衆生之類是菩薩佛土所以者何菩
薩隨所化衆生而取佛土隨所調伏衆生而

佛土隨諸眾生應以何國起菩薩根而取佛
土所以者何菩薩取於淨國皆為饒益諸眾
生故譬如有人欲於空地造立宮室隨意无
㝵若於虛空終不能成菩薩如是為成就眾
生故願取佛國願取佛國者非於空也寶積
當知直心是菩薩淨土菩薩成佛時不諂眾
生來生其國深心是菩薩淨土菩薩成佛時
具足功德眾生來生其國大乘心是菩薩淨
土菩薩成佛時大乘眾生來生其國布施是
菩薩淨土菩薩成佛時一切能捨眾生來生
其國持戒是菩薩淨土菩薩成佛時行十善
道滿願眾生來生其國忍辱是菩薩淨土菩
薩成佛時三十二相莊嚴眾生來生其國精
進是菩薩淨土菩薩成佛時勤脩一切功德

進是菩薩淨土菩薩成佛時勤脩一切功德
衆生來生其國禪定是菩薩淨土菩薩成佛
時攝心不亂衆生來生其國智慧是菩薩淨土
菩薩成佛時正定衆生來生其國四无量心
是菩薩淨土菩薩成佛時成就慈悲喜捨
衆生來生其國四攝法是菩薩淨土菩薩成佛
時解脫所攝衆生來生其國方便是菩薩淨
土菩薩成佛時於一切法方便无㝵衆生來
生其國三十七道品是菩薩淨土菩薩成佛
時念處正勤神足根力覺道衆生來生其國
迴向心是菩薩淨土菩薩成佛時得一切具足
功德國土說除八難是菩薩淨土菩薩成佛
時國土无有三惡八難自守戒行不譏彼闕

十善是菩薩淨土菩薩成佛時命不中夭
大富梵行所言誠諦常以軟語眷屬不離善
和諍訟言必饒益不嫉不恚正見衆生來生
其國如是寶積菩薩隨其直心則能發行隨
其發行則得深心隨其深心則意調伏隨意
調伏則如說行隨如說行則能迴向隨其迴
向則有方便隨其方便則成就衆生隨成就
衆生則佛土淨隨佛土淨則說法淨隨說法
淨則智慧淨隨智慧淨則其心淨隨其心淨
則一切功德淨是故寶積若菩薩欲得淨
土當淨其心隨其心淨則佛土淨
尒時舍利弗承佛威神作是念若菩薩心淨
則佛土淨者我世尊本為菩薩時意豈不
淨而是佛土不淨若此佛知其念即告之言

淨而是佛土不淨若此佛知其念即告之言於
意云何日月豈不淨耶而盲者不見對曰不
也世尊是盲者過非日月咎舍利弗衆生罪
故不見如來佛國嚴淨非如來咎舍利弗我
此土淨而汝不見尒時螺髻梵王語舍利弗
勿作是意謂此佛土以為不淨所以者何我
見釋迦牟尼佛土清淨譬如自在天宮舍利
弗言我見此土丘陵坑坎荊棘沙礫土石諸
山穢惡充滿螺髻梵言仁者心有高下不依
佛慧故見此土為不淨耳舍利弗菩薩於一
切衆生悉皆平等深心清淨依佛智慧則
能見此佛土清淨於是佛以足指按地即時
三千大千世界若干百千珎寶嚴飾譬如寶
莊嚴佛無量功德寶莊嚴土一切大衆歎未

且觀是佛土嚴淨舍利弗言唯然世尊本所
不見本所不聞今佛國土嚴淨悉現佛語舍利
弗我佛國土常淨若此為欲度斯下劣人故
示是衆惡不淨土耳譬如諸天共寶器食隨
其福德飯色有異如是舍利弗若人心淨便
見此土功德莊嚴當佛現此國土嚴淨之時
寶積所將五百長者子皆得无生法忍八万
四千人發阿耨多羅三藐三菩提心佛攝神
足於是世界還復如故求聲聞乘三万二千天
及人知有為法皆悉无常遠塵離垢得法
眼淨八千比丘不受諸法漏盡意解

維摩詰經方便品第二

尒時毗耶離大城中有長者名維摩詰已曾

BD00374　維摩詰所説經卷上

尒時毗耶離大城中有長者名維摩詰已曾
供養无量諸佛深殖善本得无生忍辯才无
閡遊戲神通逮諸摠持獲无所畏降魔勞怨
入深法門善於智度通達方便大願成就明
了衆生心之所趣又能分別諸根利鈍久於佛
道心已純淑決定大乘諸有所作能善思
量住佛威儀心大如海諸佛咨嗟弟子釋梵
世主所敬欲度人故以善方便居毗耶離資
財无量攝諸貧民奉戒清淨攝諸毀禁以忍
調行攝諸恚怒以大精進攝諸懈怠一心禪
寂攝諸亂意以決定慧攝諸无智雖為白衣
奉持沙門清淨律行雖處居家不著三界
示有妻子常脩梵行現有眷屬常樂遠離

戲處輒以度人受諸異道不
毀正信雖明世典常樂佛法一切見敬為供
養中最執持正法攝諸長幼一切治生諧偶
雖獲俗利不以喜悅遊諸四衢饒益眾生入
治政法救護一切入講論處導以大乘入諸
學堂誘開童蒙入諸婬舍示欲之過入諸酒
肆能立其志若在長者長者中尊為說勝
法若在居士居士中尊斷其貪著若在剎利
剎利中尊教以忍辱若在婆羅門婆羅門中
尊除其我慢若在大臣大臣中尊教以正法若
在王子王子中尊示以忠孝若在內官內官中
尊化正宮女若在庶民庶民中尊令興福力
若在梵天梵天中尊誨以勝慧若在帝釋帝
釋中尊示現无常若在護世護世中尊護諸

釋中尊示現无常若在護世護世中尊護諸
衆生長者維摩詰以如是等无量方便饒益
衆生其以方便現身有疾以其疾故國王大
臣長者居士婆羅門等及諸王子并餘官
屬无數千人皆往問疾其往者維摩詰因以
身疾廣為說法諸仁者是身无常无强无力
无堅速朽之法不可信也為苦為惱衆病所
集諸仁者如此身明智者所不怙是身如聚
沫不可撮摩是身如泡不得久立是身如炎
從渴愛生是身如芭蕉中无有堅是身如幻
從顛倒起是身如夢為虛妄見是身如影從
業緣現是身如響屬諸因緣是身如浮雲須
臾變滅是身如電念念不住是身无主為如
地是身无我為如火是身无壽為如

離我我所是身无知如草木瓦礫是身无作
風力所轉是身不淨穢惡充滿是身爲虚僞
雖假以澡浴衣食必歸磨滅是身爲災百一
病惱是身如丘井爲老所逼是身无定爲要
當死是身如毒虵如怨賊如空聚陰界諸入
所共合成諸仁者此可患猒當樂佛身所以
者何佛身者即法身也從无量功德智慧生
從戒定慧解脫解脫知見生從慈悲喜捨生
從布施持戒忍辱柔和勤行精進禪定解脫
三昧多聞智慧諸波羅蜜生從方便生從六
通生從三明生從三十七道品生從止觀生
從十力四无所畏十八不共法生從斷一切不
善法集一切善法生從真實生從不放逸

BD00374　維摩詰所說經卷上

善法集一切善法生從真實生從不放逸
生從如是无量清淨法生如來身諸仁者欲
得佛身斷一切衆生病者當發阿耨多羅三
藐三菩提心如是長者維摩詰為諸問疾者
如應說法令无數千人皆發阿耨多羅三藐
三菩提心

維摩詰經弟子品第三

尒時長者維摩詰自念寢疾于床世尊大
慈寧不垂愍佛知其意即告舍利弗汝行詣
維摩詰問疾舍利弗白佛言世尊我不堪任詣
彼問疾所以者何憶念我昔曾於林中宴坐
樹下時維摩詰來謂我言唯舍利弗不必是
坐為宴坐也夫宴坐者不於三界現身意是

不在外是爲宴坐於諸見不動而行三十
七品是爲宴坐不斷煩惱而入涅槃是爲宴
坐若能如是坐者佛所印可時我世尊聞是
語默然而止不能加報故我不任詣彼問疾
佛告大目揵連汝行詣維摩詰問疾目連白
佛言世尊我不堪任詣彼問疾所以者何憶
念我昔入毗耶離大城於里巷中爲諸居士
說法時維摩詰來謂我言唯大目連爲白衣
居士說法不當如仁者所說夫說法者當如
法說法无衆生離衆生垢故法无有我離我
垢故法无壽命離生死故法无有人前後際斷
故法常寂然滅諸相故法離於相无所緣故
法无名字言語斷故法无有說離覺觀故法

法无名字言語斷故法无有說離覺觀故法
无形相如虛空故法无戲論畢竟空故法无
我所離我所故法无分別離諸識故法无有
比无相待故法不屬因不在緣故法同法性入
諸法故法隨於如无所隨故法住實際諸
邊不動故法无動搖不依六塵故法无去來
常不住故法順空隨无相應无作法離好醜
法无增損法无生滅法无所歸法過眼耳鼻
舌身心法无高下法常住不動法離一切觀
行唯大目連法相如是豈可說乎夫說法者
无說无示其聽法者无聞无得譬如幻士為
幻人說法當建是意而為說法當了眾生
根有利鈍善於知見无所罣导以大悲心讚

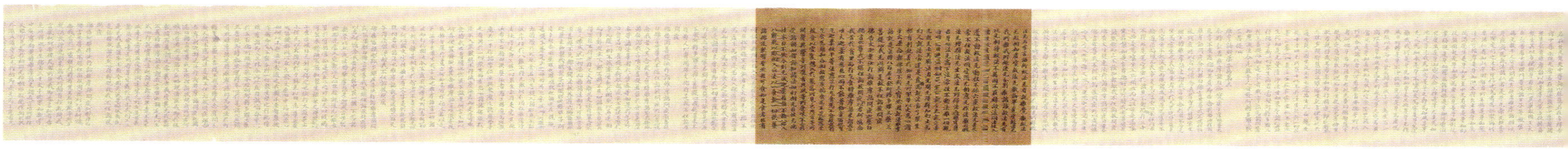

菩提心我无此辯是故不任詣彼問疾
佛告大迦葉汝行詣維摩詰問疾迦葉白
佛言世尊我不堪任詣彼問疾所以者何憶念
我昔於貧里而行乞食時維摩詰來謂我言
唯大迦葉有慈悲心而不能普捨豪富從貧
乞迦葉住平等法應次行乞食為不食故應行
乞食為壞和合相故應取揣食為不受故應受
彼食以空聚想入於聚落所見色與盲等所
聞聲與響等所嗅香與風等所食味不分別
受諸觸如智證知諸法如幻相无自性无他
性本自不然今則无滅迦葉若能不捨八邪入
八解脫以邪相入正法以一食施一切供養
諸佛及衆賢聖然後可食如是食者非有

諸佛及衆賢聖然後可食如是食者非有
煩惱非離煩惱非入定意非起定意非住世
間非住涅槃其有施者无大福无小福不
為益不為損是為正入佛道不依聲聞迦葉
若如是食為不空食人之施也時我世尊聞
說是語得未曾有即於一切菩薩深起敬心復
作是念斯有家名辯才智慧乃能如是其誰
不發阿耨多羅三藐三菩提心我從是來不
復勸人以聲聞辟支佛行是故不任詣彼
問疾
佛告須菩提汝行詣維摩詰問疾須菩提
白佛言世尊我不堪任詣彼問疾所以者何憶
念我昔入其舍從乞食時維摩詰取我鉢盛

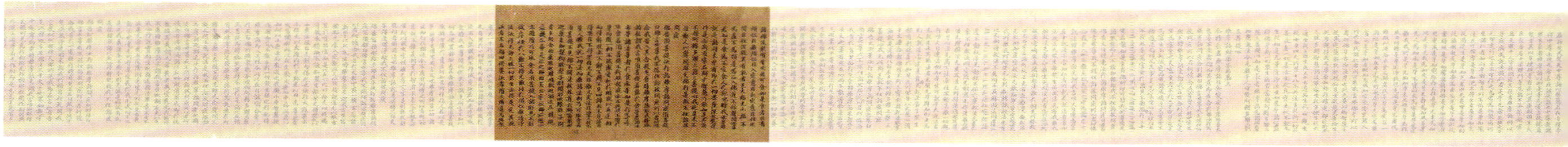

取食若須菩提不斷婬怒癡亦不與俱不壞於
身而隨一相不滅癡愛起於明脫以五逆相
而得解脫亦不解不縛不見四諦非不見諦非
得果非不得果非凡夫非離凡夫法非聖人非不
聖人雖成就一切法而離諸法相乃可取食若
須菩提不見佛不聞法彼外道六師富蘭那
迦葉末伽梨拘賖梨子删闍耶毗羅胝子阿
耆多翅舍欽婆羅迦羅鳩䭾迦旃延尼揵陀
若提子等是汝之師因其出家彼師所墮汝
亦隨墮乃可取食若須菩提入諸邪見不到
彼岸住於八難不得无難同於煩惱離清淨
法汝得无諍三昧一切衆生亦得是定其施
汝者不名福田供養汝者墮三惡道為與衆

汝者不名福田供養汝者墮三惡道爲與衆
魔共一手作諸勞侶汝與衆魔及諸塵勞等
无有異於一切衆生而有怨心謗諸佛毀於
法不入衆數終不得滅度汝若如是乃可取
食時我世尊聞此茫然不識是何言不知以
何荅便置鉢欲出其舍維摩詰言唯須菩提
取鉢勿懼於意云何如來所作化人若以是
事詰寧有懼不我言不也維摩詰言一切諸
法如幻化相汝今不應有所懼也所以者何一切
言說不離是相至於智者不著文字故无所
懼何以故文字性離无有文字是則解脫解
脫相者則諸法也維摩詰說是法時二百天
子得法眼淨故我不任詣彼問疾

[illegible]
以者何憶念我昔於大林中在一樹下為諸
新學比丘說法時維摩詰來謂我言唯富
樓那先當入定觀此人心然後說法无以穢食
置於寶器當知是比丘心之所念无以琉璃
同彼水精汝不能知衆生根原无得發起以
小乘法彼自无創勿傷之也欲行大道莫示
小徑无以大海内於牛跡无以日光等彼螢
火富樓那此比丘久發大乘心中忘此意如
如何以小乘法而教道之我觀小乘智慧微
淺猶如盲人不能分別一切衆生根之利鈍時
維摩詰即入三昧令此比丘自識宿命曾於
於五百佛所殖衆德本迴向阿耨多羅三藐
三菩提即時豁然還得本心於是諸比丘稽

BD00374　維摩詰所説經卷上

三菩提即時豁然還得本心於是諸比丘稽
首礼維摩詰足時維摩詰因為說法於阿
耨多羅三藐三菩提不復退轉我念聲聞不
觀人根不應說法是故不任詣彼問疾佛告
告摩訶迦旃延汝行詣維摩詰問疾迦旃
延白佛言世尊我不堪任詣彼問疾所以者何
憶念昔者佛為諸比丘略說法要我即於後
敷演其義謂无常義苦義空義无我義寂
滅義時維摩詰來謂我言唯迦旃延无以生
滅心行說實相法迦旃延諸法畢竟不生不
滅是无常義五受陰洞達空无所起是苦義
諸法究竟无所有是空義於我无我而不二
是无我義法本不然今則无滅是寂滅義說
是法時彼諸比丘心得解脫[illegible]

佛告阿那律汝行詣維摩詰問疾阿那律白
佛言世尊我不堪任詣彼問疾所以者何憶
念我昔於一處經行時有梵王名曰嚴淨與万
梵俱放淨光明來詣我所稽首作礼問我
言幾何阿那律天眼所見我即荅言仁者吾
見此釋迦牟尼佛土三千大千世界如觀掌
中菴摩勒菓時維摩詰來謂我言唯阿那律
天眼所見爲作相耶无作相耶假使作相則與
外道五通等若无作相即是无爲不應有見
世尊我時嘿然彼諸梵聞其言得未曾有即
爲作礼而問曰世孰有真天眼者維摩詰言
有佛世尊得真天眼常在三昧悉見諸佛國
不以二相於是嚴淨梵王及其眷屬五百梵

BD00374　維摩詰所説經卷上

不以二相於是嚴淨梵王及其眷屬五百梵
天皆發阿耨多羅三藐三菩提心礼維摩詰
足已忽然不現故我不任詣彼問疾
佛告優波離汝行詣維摩詰問疾優波離白
佛言世尊我不堪任詣彼問疾所以者何憶
念昔者有二比丘犯律行以為耻不敢問佛
來問我言唯優波離我等犯律誠以為耻不
敢問佛願解疑悔得免斯咎我即為其如法
解說時維摩詰來謂我言唯優波離无重增
此二比丘罪當直除滅勿擾其心所以者何
彼罪性不在內不在外不在中間如佛所說
心垢故衆生垢心淨故衆生淨心亦不在內不
在外不在中間如其心然罪垢亦然諸法亦
然不出於如如優波離以心相得解脫時寧

无垢亦復如是唯優波離妄想是垢无妄想
是淨顛倒是垢无顛倒是淨取我是垢不取
我是淨優波離一切法生滅不住如幻如電
諸法不相待乃至一念不住諸法皆妄見如
夢如炎如水中月如鏡中像以妄想生其知
此者是名奉律其知此者是名善解於是二
比丘言上智哉是優波離所不及持律之上而
不能說我荅言自捨如來未有聲聞及菩薩
能制其樂說之辯其智慧明達為若此也時
二比丘疑悔即除發阿耨多羅三藐三菩提
心作是願言令一切衆生皆得是辯故我不
任詣彼問疾
佛告羅睺羅汝行詣維摩詰問疾羅睺羅

BD00374　維摩詰所説經卷上

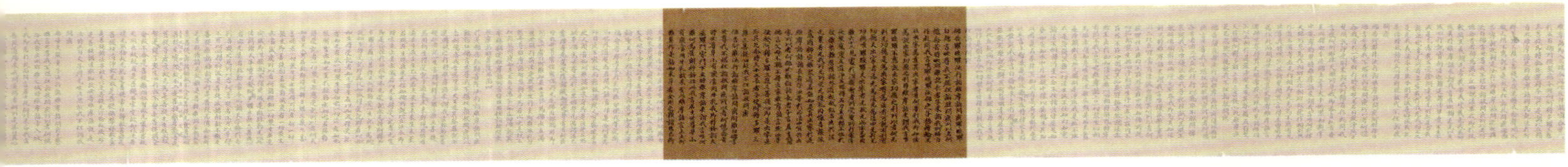

佛告羅睺羅汝行詣維摩詰問疾羅睺羅
白佛言世尊我不堪任詣彼問疾所以者何
憶念昔時毗耶離諸長者子来詣我所稽首
作礼問我言唯羅睺羅汝佛之子捨轉輪王
位出家爲道其出家者有何等利我即如法
爲説出家功德之利時維摩詰来謂我言唯
羅睺羅不應説出家功德之利所以者何无
利无功德是爲出家有爲法者可説有利有
功德夫出家者爲无爲法无爲法中无利无
功德唯羅睺羅夫出家者无彼无此亦无中間
離六十二見處於涅槃智者所受聖所行處降
伏衆魔度五道淨五眼得五力立五根不惱於
彼離衆雜悪摧諸外道超越假名出淤泥

維摩詰語諸長者子汝等於正法中宜共出
家所以者何佛世難值諸長者子言居士我聞
佛言父母不聽不得出家維摩詰言然汝等
便發阿耨多羅三藐三菩提心即是出家是
即具足尒時三十二長者子皆發阿耨多羅三
藐三菩提心故我不任詣彼問疾
佛告阿難汝行詣維摩詰問疾阿難白佛言
世尊我不堪任詣彼問疾所以者何憶念昔
時世尊身小有疾當用牛乳我即持鉢詣大
婆羅門家門下立時維摩詰來謂我言唯阿
難何為晨朝持鉢住此我言居士世尊身小
有疾當用牛乳故來至此維摩詰言止止阿
難莫作是語如來身者金剛之體諸惡已斷

BD00374　維摩詰所說經卷上

難莫作是語如來身者金剛之體諸惡已斷
衆善普會當有何疾當有何惱嘿往阿難勿
謗如來莫使異人聞此麁言无令大威德諸
天及他方淨土諸來菩薩得聞斯語阿難轉
輪聖王以少福故尚得无病豈況如來无量
福會普勝者哉行矣阿難勿使我等受斯
恥也外道梵志若聞此語當作是念何名為
師自疾不能救而能救諸疾人可密速去勿
使人聞當知阿難諸如來身即是法身非思
欲身佛為世尊過於三界佛身无漏諸漏已
盡佛身无為不墮諸數如此之身當有何疾
時我世尊實懷慚愧得无近佛而謬聽耶即
聞空中聲曰阿難如居士言但為佛出五濁
惡世現行斯法度脫衆生

任詣彼問疾如是五百大弟子各各向佛說其
本緣稱述維摩詰所言皆曰不任詣彼問疾
維摩詰經菩薩品第四
於是佛告弥勒菩薩汝行詣維摩詰問疾
弥勒白佛言世尊我不堪任詣彼問疾所以
者何憶念我昔爲兜率天王及其眷屬說不
退轉地之行時維摩詰來謂我言弥勒世尊
授仁者記一生當得阿耨多羅三藐三菩提
爲用何生得受記乎過去耶未來耶現在耶若
過去生過去生已滅若未來生未來生未至
若現在生現在生无住如佛所說比丘汝今即
時亦生亦老亦滅若以无生得受記者无生
即是正位於正位中亦无受記亦无得阿耨多

BD00374　維摩詰所説經卷上

即是正位於正位中亦无受記亦无得阿耨多
羅三藐三菩提云何弥勒受一生記乎為從
如生得受記耶為從如滅得受記耶若以如
生得受記者如无有生若以如滅得受記
者如无有滅一切衆生皆如也一切法亦如也
衆賢聖亦如也至於弥勒亦如也若弥勒
得受記者一切衆生亦應受記所以者何夫
如者不二不異若弥勒得阿耨多羅三藐三菩
提者一切衆生皆亦應得所以者何一切
衆生即菩提相若弥勒滅度者一切衆生
亦當滅度所以者何諸佛知一切衆生畢竟
寂滅即涅槃相不復更滅是故弥勒无以此
法誘諸天子實无發阿耨多羅三藐三菩提心
者亦[illegible]

不可以心得𣩵滅是菩提滅諸相故不觀是
菩提離諸緣故不行是菩提无憶念故斷
是菩提捨諸見故離是菩提離諸妄想故鄣
是菩提鄣諸願故不入是菩提无貪著故順
是菩提順於如故住是菩提住法性故至是
菩提至實際故不二是菩提離意法故等是
菩提等虛空故无爲是菩提无生住滅故
智是菩提了衆生心行故不會是菩提諸入不
會故不合是菩提離煩惱習故无處是菩提
无形色故假名是菩提名字空故如化是菩
提无取捨故无亂是菩提常自靜故善𣩵是
菩提性清淨故无取是菩提離攀緣故无異
是菩提諸法等故无比是菩提无可喻故微妙
是菩提諸法難知故世尊維摩詰說是

BD00374　維摩詰所說經卷上

是菩提諸法難知故世尊維摩詰説是
法時二百天子得无生法忍故我不任詣彼
問疾
佛告光嚴童子汝行詣維摩詰問疾光嚴白
佛言世尊我不堪任詣彼問疾所以者何憶
念我昔出毗耶離大城時維摩詰方入城
我即爲作礼而問言居士從何所来荅我言
吾從道場来我問道場者何所是荅曰直心
是道場无虛假故發行是道場能辦事故
深心是道場增益功德故菩提心是道場无錯
謬故布施是道場不望報故持戒是道場
得願具故忍辱是道場於諸衆生心无㝵
故精進是道場不懈退故禪定是道場心調

樂法故捨是道場增愛斷故神通是道場成
就六通故解脫是道場能背捨故方便是道
場教化衆生故四攝是道場攝衆生故多聞是
道場如聞行故伏心是道場正觀諸法故三十
七品是道場捨有為法故諦是道場不誑世間故
緣起是道場无明乃至老死皆无盡故諸煩惱
是道場知如實故衆生是道場知无我故一
切法是道場知諸法空故降魔是道場不
傾動故三界是道場无所趣故師子吼是道場
无所畏故力无畏不共法是道場无諸過故三
明是道場无餘㝵故一念知一切法是道場
成就一切智故如是善男子菩薩若應諸
波羅蜜教化衆生諸有所作舉足下足當知

BD00374　維摩詰所説經卷上

波羅蜜教化衆生諸有所作舉足下足當知
皆從道場来住於佛法矣説是法時五百天
人皆發阿耨多羅三藐三菩提心故我不任
詣彼問疾
佛告持世菩薩汝行詣維摩詰問疾持世白
佛言世尊我不堪任詣彼問疾所以者何憶
念我昔住於静室時魔波旬從万二千天女
狀如帝釋鼓樂絃歌来詣我所與其眷屬稽
首我足合掌恭敬於一面立我意謂是帝釋而
語之言善来憍尸迦雖福應有不當自恣當
觀五欲无常以求善本於身命財而脩堅法
即語我言正士受是万二千天女可備掃灑我
言憍尸迦无以此非法之物要我沙門釋子此
非我宜所[illegible]

諸女等可以與我如我應受魔即驚懼念
維摩詰將无惱我欲隱形去而不能隱盡其
神力亦不得去即聞空中聲曰波旬以女與
之乃可得去魔以畏故俛仰而與尒時維摩
詰語諸女言魔以汝等與我今汝皆當發阿
耨多羅三藐三菩提心即隨所應而為說法
令發道意復言汝等以發道意有法樂可以
自娛不應復樂五欲樂也天女即問何謂法
樂荅言樂常信佛樂欲聽法樂供養眾樂離
五欲樂觀五陰如怨賊樂觀四大如毒虵樂
觀內入如空聚樂隨護道意樂饒益眾生樂
敬養師樂廣行施樂堅持戒樂忍辱柔和樂
勤集善根樂禪定不亂樂離垢明慧樂廣

勤集善根樂禪定不亂樂離垢明慧樂廣
菩提心樂降伏衆魔樂斷諸煩惱樂淨佛國
土樂成就相好故脩諸功德樂莊嚴道場樂
聞深法不畏樂三脫門不樂非時樂近同學樂
於非同學中心无恚㝵樂將護惡知識樂近
善知識樂心喜清淨樂脩无量道品之法是
爲菩薩法樂於是波旬告諸女言我欲與汝
俱還天宮諸女言以我等與此居士有法樂
我等甚樂不復樂五欲樂也魔言居士可捨
此女一切所有施於彼者是爲菩薩維摩詰
言我以捨矣汝便將去令一切衆生得法願具足
於是諸女問維摩詰我等云何止於魔宮維
摩詰言諸姊有法門名无盡燈汝等當學无

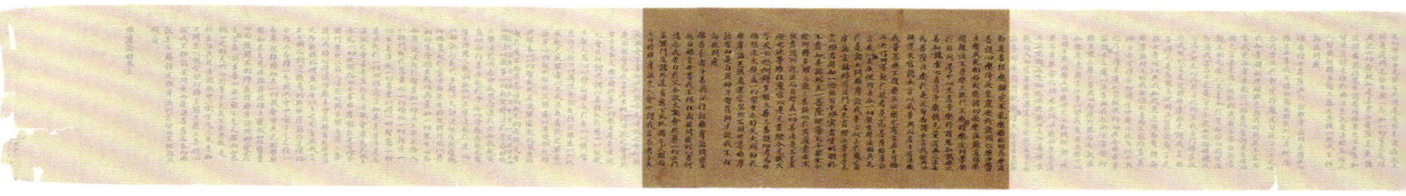

盡如是諸姊夫一菩薩開導百千衆生令
發阿耨多羅三藐三菩提心於其道意亦不
滅盡隨所說法而自增益一切善法是名无盡
燈也汝等雖住魔宮以是无盡燈令无數天
子天女發阿耨多羅三藐三菩提心者為報
佛恩亦大饒益一切衆生尒時天女頭面礼
維摩詰足隨魔還宮忽然不現世尊維摩
詰有如是自在神力智慧辯才故我不任
詣彼問疾
佛告長者子善德汝行詣維摩詰問疾善
德白佛言世尊我不堪任詣彼問疾所以者何
憶念我昔自於父舍設大施會供養一切沙門
婆羅門及諸外道貧窮下賤孤獨乞人期滿
七日時維摩詰來入會中謂我言長者子夫

BD00374　維摩詰所說經卷上

七日時維摩詰來入會中謂我言長者子夫
大施會不當如汝所設當為法施之會何用
是財施會為我言居士何謂法施之會法施
會者无前无後一時供養一切衆生是名法施
之會曰何謂也謂以菩提起於慈心以救衆
生起大悲心以持正法起於喜心以攝智
慧行於捨心以攝慳貪起檀波羅蜜以化犯
戒起尸波羅蜜以无我法起羼提波羅蜜以
離身心相起毗梨耶波羅蜜以菩提相起禪
波羅蜜以一切智起般若波羅蜜教化衆生而
起於空不捨有為法而起无相示現受生
而起无作護持正法起方便力以度衆生生起
四攝法以敬事一切起除慢法於身命財起
三堅法於六念中起思念法於六和敬起質
[illegible]

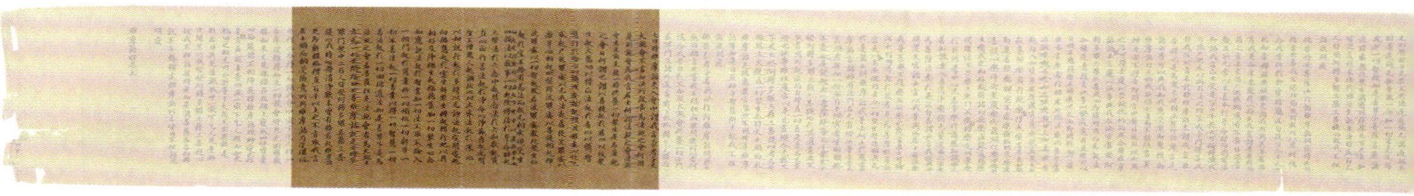

以如說行起於多聞以无諍法起空閑處趣
向佛慧起於宴坐解衆生縛起脩行地以具
相好及淨佛土起福德業知一切衆生心念
如應說法起於智業知一切法不取不捨入
一相門起於慧業斷一切煩惱一切鄣㝵一
切不善法起一切善業以得一切智慧一切
善法起於一切助佛道法如是善男子是為
法施之會若菩薩住是法施會者為大施主
亦為一切世間福田世尊維摩詰說是法時婆
羅門衆中二百人皆發阿耨多羅三藐三菩
提心我時心得清淨歎未曾有稽首礼維摩詰
足即解瓔珞價直百千以上之不肯取我言
居士願必納受隨意所與維摩詰乃受瓔珞

BD00374　維摩詰所說經卷上

居士願必納受隨意所與維摩詰乃受瓔珞
分作二分持一分施此會中最下乞人持一
分奉彼難勝如来一切衆會皆見光明國土難
勝如来又見珠瓔在彼佛上變成四柱寶臺
四面嚴餝不相障蔽時維摩詰現神變已作
是言若施主等心施一最下乞人猶如如来
福田之相无所分别等于大悲不求果報是
則名曰具足法施城中一最下乞人見是神
力聞其所說皆發阿耨多羅三藐三菩提心
故我不任詣彼問疾如是諸菩薩各各向佛
說其本緣稱述維摩詰所言皆曰不任詣彼
問疾

維摩詰經卷上

BD00374　維摩詰所説經卷上

BD00375 金剛般若波羅蜜經

（後秦）鳩摩羅什 譯

BD00375v 雜寫

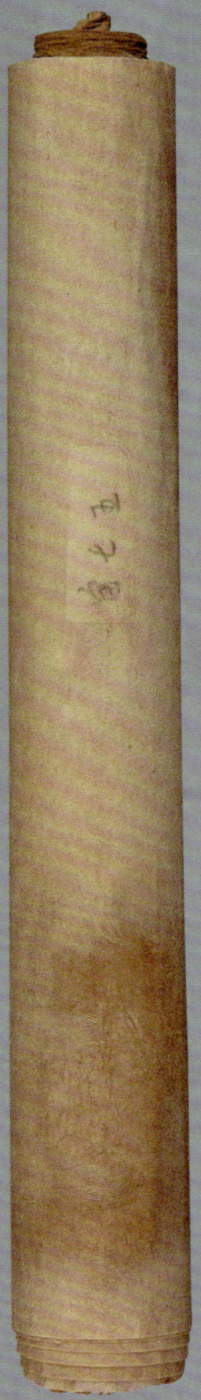

460.5cm × 24.2cm

提是樂阿蘭那行
昔在然燈佛所於
法有所得不世尊如來在然燈佛所於法實无
所得須菩提於意云何菩薩莊嚴佛土不不也
世尊何以故莊嚴佛土者則非莊嚴是名莊
嚴是故須菩提諸菩薩摩訶薩應如是生清
淨心不應住色生心不應住聲香味觸法生心
應无所住而生其心須菩提譬如有人身如須彌
山王於意云何是身為大不須菩提言甚大世
尊何以故佛說非身是名大身
須菩提如恒河中所有沙數如是沙等恒河於

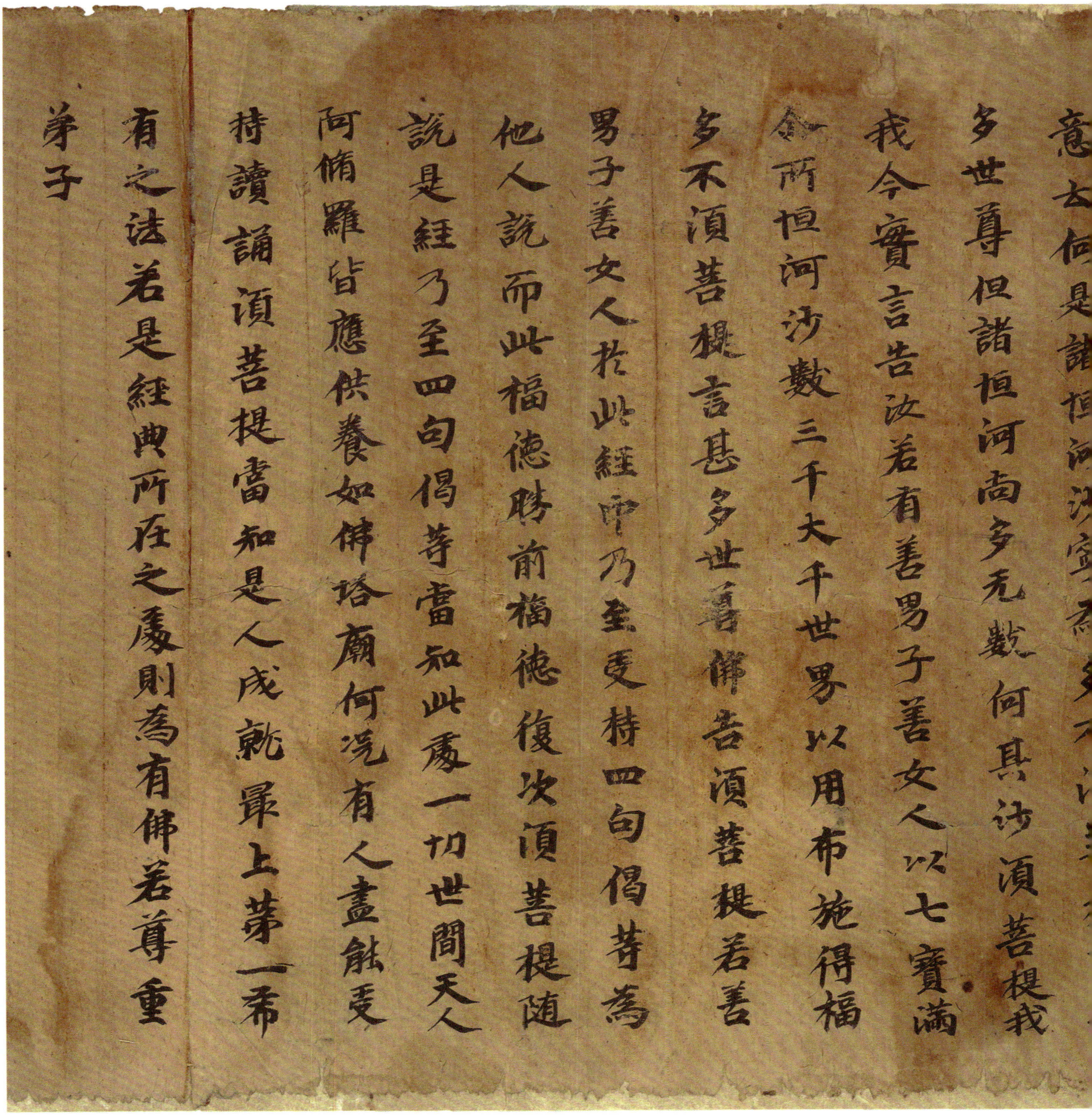

意云何是諸恒河沙寧為
多世尊但諸恒河尚多无數何其沙須菩提我
我今實言告汝若有善男子善女人以七寶滿
尒所恒河沙數三千大千世界以用布施得福
多不須菩提言甚多世尊佛告須菩提若善
男子善女人於此經中乃至受持四句偈等為
他人說而此福德勝前福德復次須菩提隨
說是經乃至四句偈等當知此處一切世間天人
阿脩羅皆應供養如佛塔廟何况有人盡能受
持讀誦須菩提當知是人成就最上第一希
有之法若是經典所在之處則為有佛若尊重
弟子

BD00375　金剛般若波羅蜜經

弟子
尒時須菩提白佛言世尊當何名此經我等云
何奉持佛告須菩提是經名為金剛般若波羅
蜜以是名字汝當奉持所以者何須菩提佛說般
若波羅蜜則非般若波羅蜜須菩提於意云何
如來有所說法不須菩提白佛言世尊如來无所
說須菩提於意云何三千大千世界所有微塵
是為多不須菩提言甚多世尊須菩提諸微
塵如來說非微塵是名微塵如來說世界非界
是名世界須菩提於意云何可以三十二相見如來
不不也世尊不可以三十二相得見如來何以故如
來說三十二相即是非相是名三十二相

布施若復有人於此經中乃至受持四句偈
為他人說其福甚多
尒時須菩提聞說是經深解義趣涕淚悲泣而
白佛言希有世尊佛說如是甚深經典我從昔
來所得慧眼未曾得聞如是之經世尊若復
有人得聞是經信心清淨則生實相當知是人成
就第一希有功德世尊是實相者則是非相是
故如來說名實相世尊我今得聞如是經典信
解受持不足為難若當來世後五百歲其有衆
生得聞是經信解受持是人則為第一希有何以
故此人无我相人相衆生相壽者相所以者何
我相即是非相人相衆生相壽者相即是
非相何以故離一切諸相則名諸佛

BD00375　金剛般若波羅蜜經

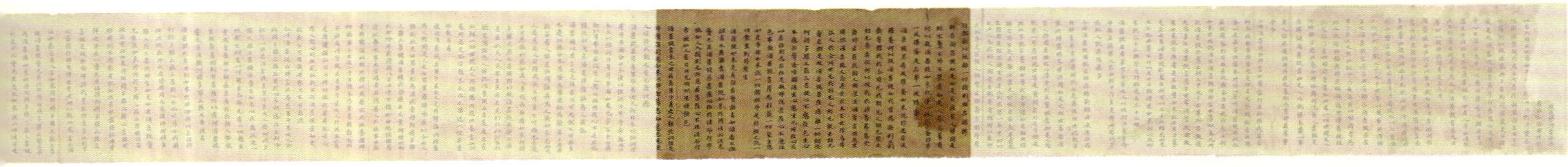

非相何以故離一切諸則相名諸佛
佛告須菩提如是如是若復有人得聞是
經不驚不怖不畏當知是人甚為希有
何以故須菩提如来說第一波羅蜜非第
一波羅蜜是名第一波羅蜜
須菩提忍辱波羅蜜如来說非忍辱波
羅蜜何以故須菩提如我昔為歌利王割
截身體我於尒時无我相无人相无衆生
相无壽者相何以故我於往昔節節支
解時若有我相人相衆生相壽者相應生
瞋恨須菩提又念過去於五百世作忍辱
仙人於尒所世无我相无人相无衆生相无

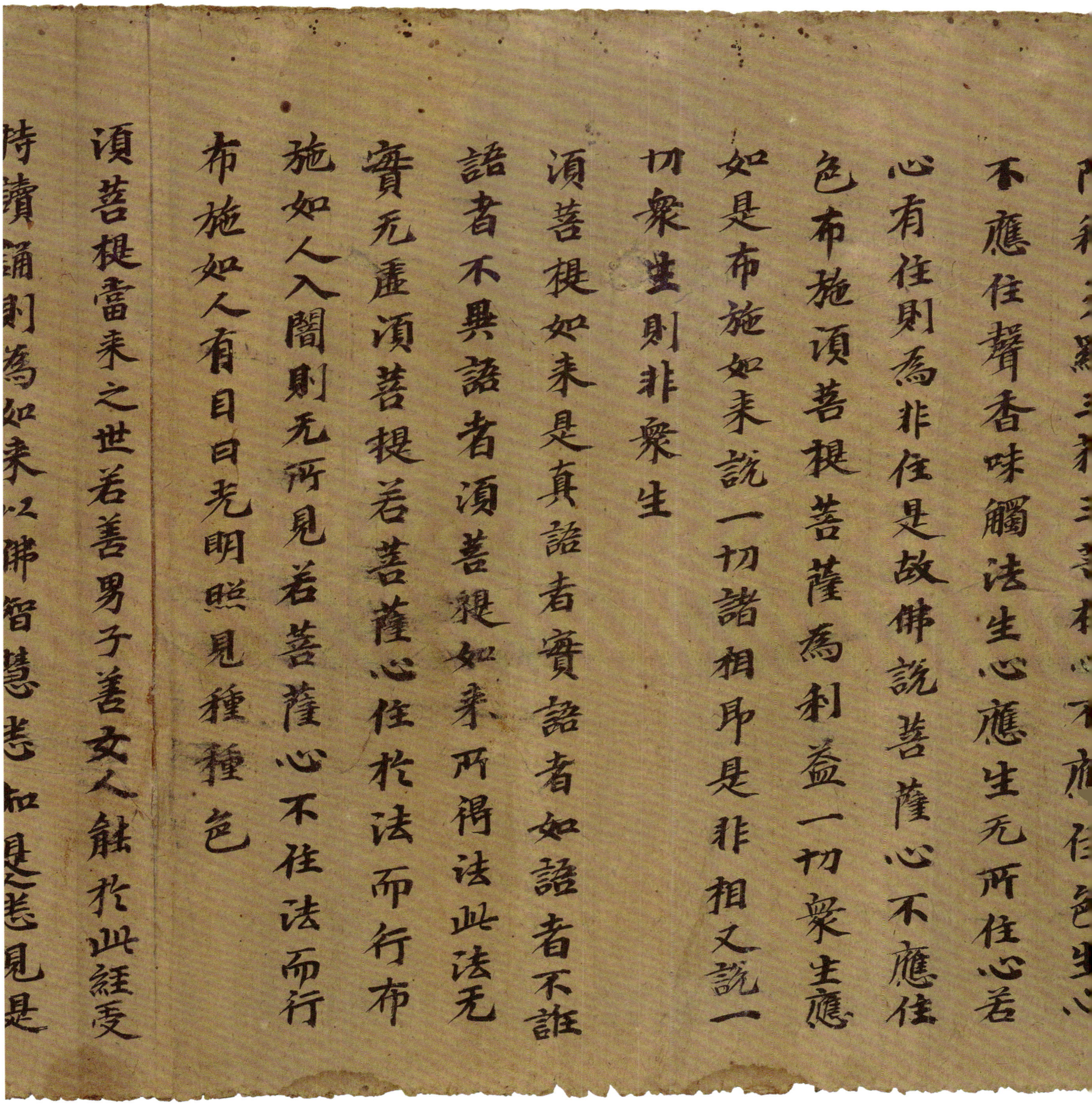

阿耨多羅三藐三菩提心不應住色生心
不應住聲香味觸法生心應生无所住心若
心有住則為非住是故佛說菩薩心不應住
色布施須菩提菩薩為利益一切衆生應
如是布施如来說一切諸相即是非相又說一
切衆生則非衆生
須菩提如来是真語者實語者如語者不誑
語者不異語者須菩提如来所得法此法无
實无虛須菩提若菩薩心住於法而行布
施如人入闇則无所見若菩薩心不住法而行
布施如人有目日光明照見種種色
須菩提當来之世若善男子善女人能於此經受
持讀誦則為如来以佛智慧悉知是人悉見是

BD00375　金剛般若波羅蜜經

持讀誦則為如来以佛智慧悉知是人悉見是
人皆得成就无量无邊功德
須菩提若有善男子善女人初日分以恒河沙
等身布施中日分復以恒河沙等身布施後日
分亦以恒河沙等身布施如是无量百千万億
劫以身布施若復有人聞此經典信心不逆其福
勝彼何况書寫受持讀誦為人解說
須菩提以要言之是經有不可思議不可稱量
无邊功德如来為發大乘者說為發最上乘者
說若有人能受持讀誦廣為人說如来悉知是
人悉見是人皆得成就不可量不可稱无有邊
不可思議功德如是人等則為荷擔如来阿耨

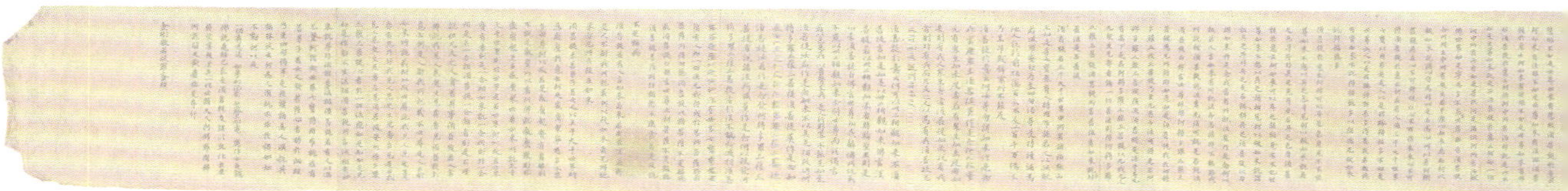

者著我見人見衆生見壽者見則於此經不能
聽受讀誦為人解說須菩提在在處處若有
此經一切世間天人阿脩羅所應供養當知此
處則為是塔皆應恭敬作礼圍遶以諸華香
而散其處
復次須菩提善男子善女人受持讀誦此經若
為人輕賤是人先世罪業應墮惡道以今世人
輕賤故先世罪業則為消滅當得阿耨多羅
三藐三菩提須菩提我念過去无量阿僧祇劫
於然燈佛前得值八百四千万億那由他諸佛悉
皆供養承事无空過者若復有人於後末世能
受持讀誦此經所得功德於我所供養諸佛
功德百分不及一千万億分乃至筭數譬喻所

BD00375　金剛般若波羅蜜經

受持讀誦此經所得功德於我所供養諸佛
功德百分不及一千万億分乃至筭數譬喻所
不能及須菩提若善男子善女人於後末世有
受持讀誦此經所得功德我若具說者或
有人聞心則狂亂狐疑不信須菩提當知是
經義不可思議果報亦不可思議
尒時須菩提白佛言世尊善男子善女人發
阿耨多羅三藐三菩提心云何應住云何降
伏其心佛告須菩提善男子善女人發阿耨多
羅三藐三菩提者當生如是心我應滅度一
切衆生滅度一切衆生已而无有一切衆生
實滅度者何以故若菩薩有我相人相衆
則非菩薩所以者何須菩提

實无有法發阿耨多羅三藐三菩提心
須菩提於意云何如来於然燈佛所有法得
阿耨多羅三藐三菩提不不也世尊如我解
佛所說義佛於然燈佛所无有法得阿耨多
羅三藐三菩提佛言如是如是須菩提實
无有法如来得阿耨多羅三藐三菩提須菩
提若有法如来得阿耨多羅三藐三菩提然
燈佛則不與我受記汝於来世當得作佛号
釋迦牟尼以實无有法得阿耨多羅三藐三
菩提是故然燈佛與我受記作是言汝於来
世當得作佛号釋迦牟尼何以故如来者即諸
法如義若有人言如来得阿耨多羅三藐三菩

BD00375　金剛般若波羅蜜經

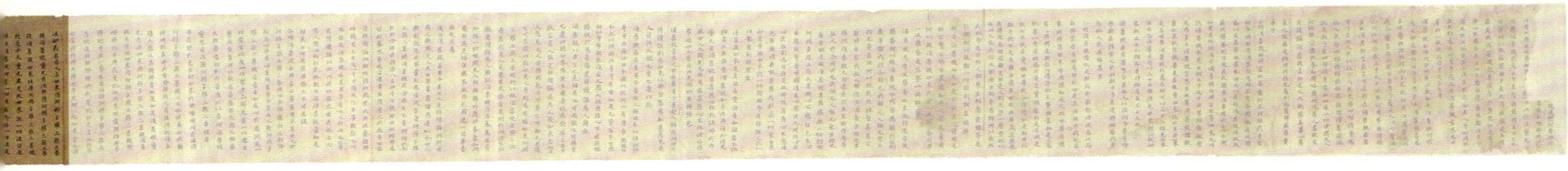

法如義若有人言如来得阿耨多羅三藐三菩
提須菩提實无有法佛得阿耨多羅三藐三菩
提須菩提如来所得阿耨多羅三藐三菩提
於是中无實无虗是故如来說一切法皆是
佛法須菩提所言一切法者即非一切法是
故名一切法
須菩提譬如人身長大須菩提言世尊如来
說人身長大則為非大身是名大身
須菩提菩薩亦如是若作是言我當滅度无
量衆生則不名菩薩何以故須菩提實无有
法名為菩薩是故佛說一切法无我无人无衆
生无壽者須菩提若菩薩作是言我當莊嚴

者即非莊嚴是名莊嚴須菩提若菩薩通達
无我法者如来說名真是菩薩
須菩提扵意云何如来有肉眼不如是世尊如
来有肉眼須菩提扵意云何如来有天眼不如
是世尊如来有天眼須菩提扵意云何如来有
慧眼不如是世尊如来有慧眼須菩提扵意云
何如来有法眼不如是世尊如来有法眼須菩
提扵意云何如来有佛眼不如是世尊如来有佛
眼須菩提扵意云何恒河中所有沙佛說是沙不
如是世尊如来說是沙須菩提扵意云何如一恒
河中所有沙有如是等恒河是諸恒河所有沙數
佛世界如是寧為多不甚多世尊佛告須菩提

BD00375　金剛般若波羅蜜經

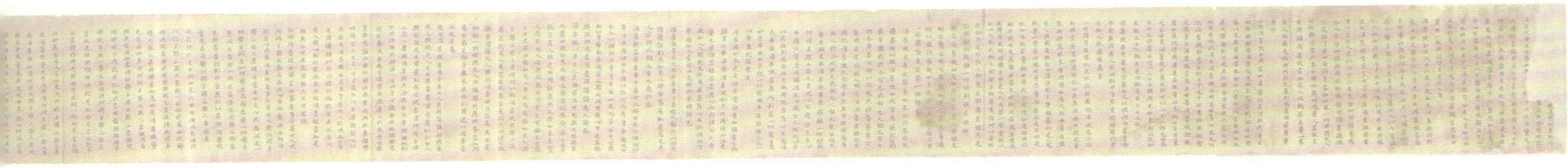

佛世界如是寧為多不甚多世尊佛告須菩提
尒所国土中所有衆生若干種心如来悉知何以
故如来説諸心皆為非心是名為心所以者何須
菩提過去心不可得現在心不可得未来心不可
得須菩提於意云何若有人滿三千大千世界
七寶以用布施是人以是因緣得福多不如是
世尊此人以是因緣得福甚多須菩提若福德
有實如来不説得福德多以福德无故如来
説得福德多
須菩提於意云何佛可以具足色身見不不世
尊如来不應以具足色身見何以故如来説具
足色身即非具足色身是名具足色身須菩

尊如来不應以具足諸相見何以故如来說諸
相具足即非具足是名諸相具足須菩提汝勿
謂如来作是念我當有所說法莫作是念何以
故若人言如来有所說法即為謗佛不能解我
所說故須菩提說法者无法可說是名說法
須菩提白佛言世尊佛得阿耨多羅三藐三
菩提為无所得耶如是如是須菩提我於阿耨
多羅三藐三菩提乃至无有少法可得是名阿
耨多羅三藐三菩提復次須菩提是法平等无
有高下是名阿耨多羅三藐三菩提以无我无人
无衆生无壽者脩一切善法則得阿耨多羅
三藐三菩提須菩提所言善法者如来說即非

BD00375　金剛般若波羅蜜經

三藐三菩提須菩提所言善法者如来說非
善法是名善法
須菩提若三千大千世界中所有諸須弥山
王如是等七寶聚有人持用布施若人以此般
若波羅蜜經乃至四句偈等受持讀誦為
他人說於前福德百分不及一百千万億分
乃至筭數譬喻所不能及
須菩提於意云何汝等勿謂如来作是念
我當度衆生須菩提莫作是念何以故實
无有衆生如来度者若有衆生如来度者如
来則有我人衆生壽者須菩提如来說有我
者則非有我而凡夫之人以為有我須菩提凡

須菩提於意云何可以卅二相觀如来不須
菩提言如是如是以卅二相觀如来佛言須
菩提若以卅二相觀如来者轉輪聖王則是
如来須菩提白佛言世尊如我解佛所說義
不應以卅二相觀如来尒時世尊而說偈言
若以色見我　以音聲求我　是人行耶道　不能見如来
須菩提汝若作是念如来不以具足相故得阿
耨多羅三藐三菩提須菩提莫作是念如
来不以具足相故得阿耨多羅三藐三菩提
須菩提汝若作是念發阿耨多羅三藐三
菩提者說諸法斷滅莫作是念何以故發阿
耨多羅三藐三菩提者於法不說斷滅相須菩

耨多羅三藐三菩提者於法不說斷滅相須菩
提若菩薩以滿恒河沙等世界七寶布施若
復有人知一切法无我得成於忍此菩薩勝前
菩薩所得功德須菩提以諸菩薩不受福德
故須菩提白佛言世尊云何菩薩不受福德
須菩提菩薩所作福德不應貪着是故說
不受福德
須菩提若有人言如來若來若去若坐若卧
是人不解我所說義何以故如來者无所從
來亦无所去故名如來
須菩提若善男子善女人以三千大千世界碎
為微塵於意云何是微塵衆寧為多不

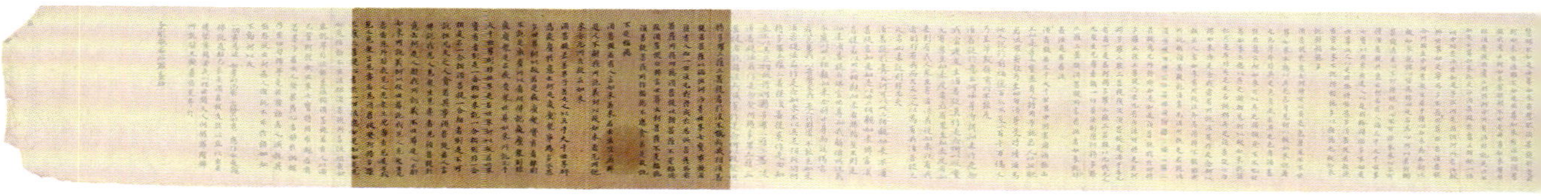

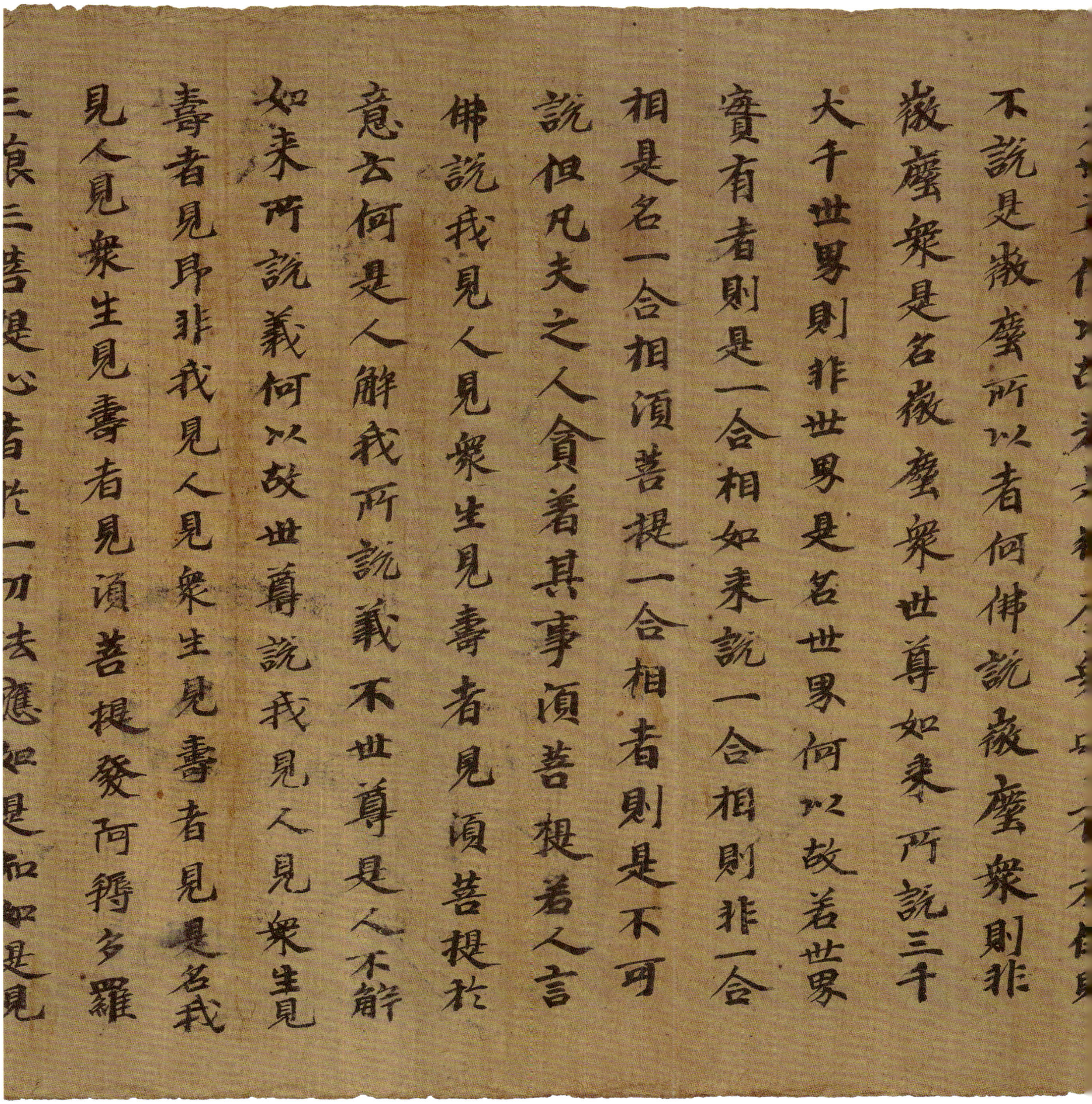

不說是微塵所以者何佛說微塵衆則非
微塵衆是名微塵衆世尊如來所說三千
大千世界則非世界是名世界何以故若世界
實有者則是一合相如來說一合相則非一合
相是名一合相須菩提一合相者則是不可
說但凡夫之人貪著其事須菩提若人言
佛說我見人見衆生見壽者見須菩提於
意云何是人解我所說義不世尊是人不解
如來所說義何以故世尊說我見人見衆生見
壽者見即非我見人見衆生見壽者見是名我
見人見衆生見壽者見須菩提發阿耨多羅
三藐三菩提心者於一切法應如是知如是見

BD00375　金剛般若波羅蜜經

三藐三菩提心者於一切法應如是知如是見
如是信解不生法相須菩提所言法相者如
来說即非法相是名法相須菩提若有人以滿
无量阿僧祇世界七寶持用布施若有
善男子善女人發菩薩心者持於此經
乃至四句偈等受持讀誦為人演說其
福勝彼云何為人演說不取於相如如
不動何以故
一切有為法　如夢幻泡影　如露亦如電　應作如是觀
佛說是經已長老須菩提及諸比丘比丘尼
優婆塞優婆夷一切世間天人阿脩羅聞佛
所說皆大歡喜信受奉行

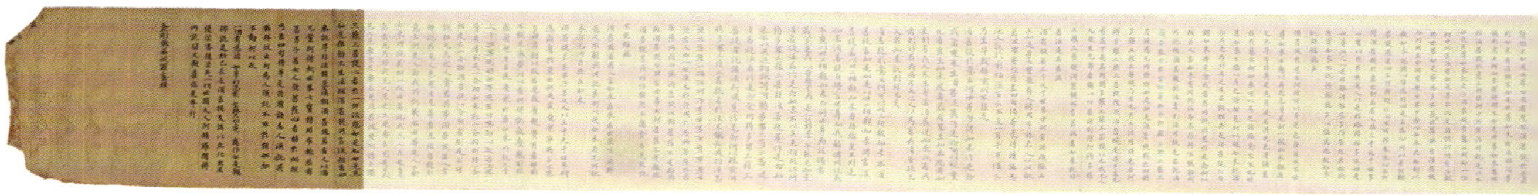

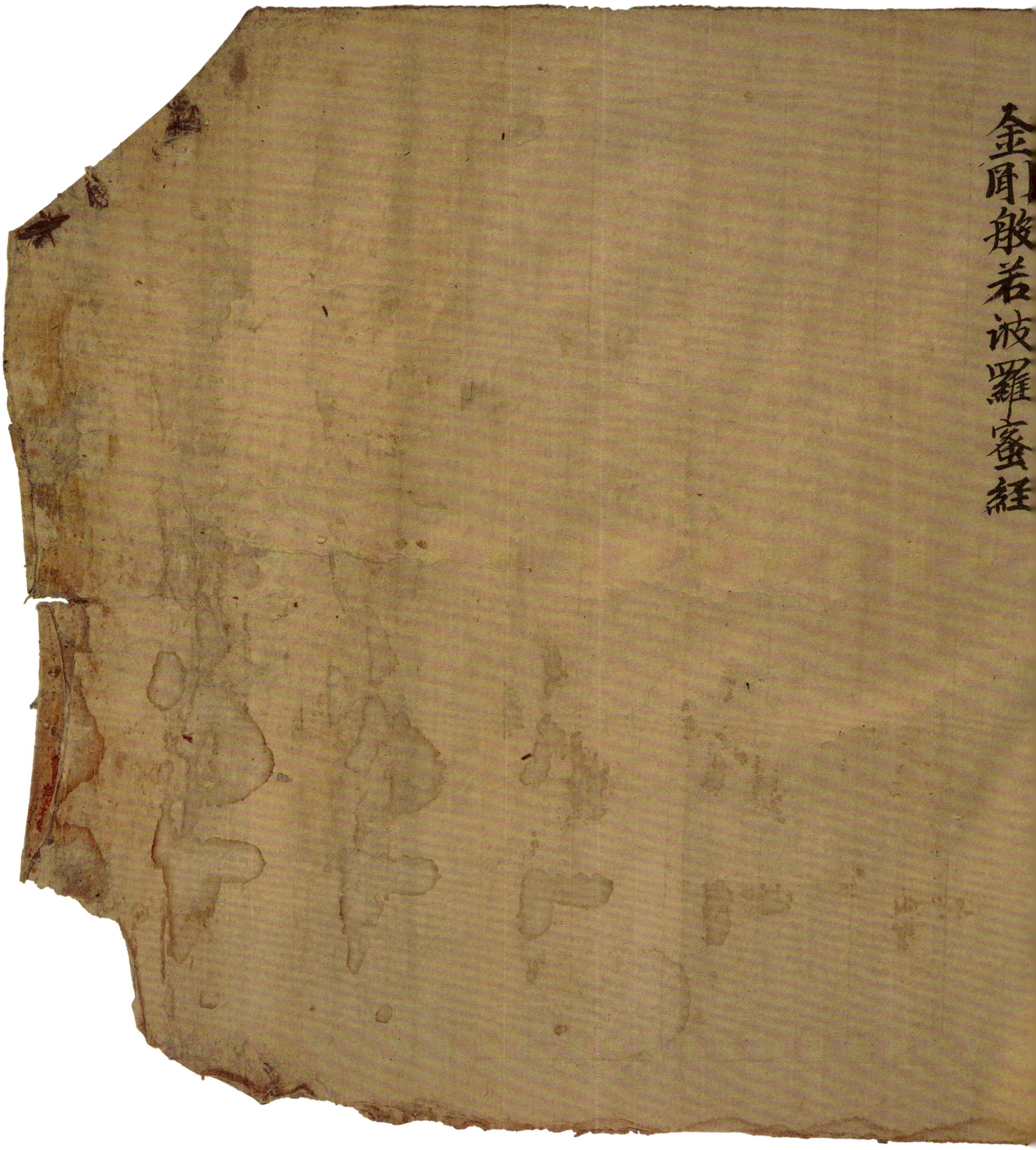

BD00375　金剛般若波羅蜜經

BD00375v　雜寫

BD00376 思益梵天所問經（异本）卷三

（後秦）鳩摩羅什 譯

922.3cm × 25.3cm

論世□□□是法不
不可論者則不可示尒時思益梵
師利汝不為衆生演說法乎文殊□
天法性中有二相耶梵天言无也文殊師
言一切法不入法性耶梵天言然文殊師利
言若法性是不二相一切法入法性中云何
當為衆生說法梵天言頗有說法亦无二耶
文殊師利言若決定得說者聽者可有說法
亦无有二文殊師利如来不說法耶文殊師
利言佛雖說法不以二相何以故如来性无二
故雖有所說而无二也梵天言若一切法无
二□誰為二文殊師利言凡夫貪著我故分

无異无別无二相梵天言云何識无二法
文殊師利言若无二可識則非无二所以者
何无二相者不可識也梵天二即是識業不
可識法佛所說也是法不尒如何說何以故
是法无文字故文殊師利佛所說法終何所
至文殊師利言如來說法至无所至梵天言
佛所說法不至涅槃耶文殊師利言涅槃
可得至耶梵天言涅槃无來處无至處文殊
師利言如是佛所說法至无所至梵天言是
法誰聽荅如所說法梵天言云何如所說荅
言如不識不聞梵天言誰能聽如來如是法
荅言不漏六塵者梵天言誰能知是法荅
言无識无分別无諍訟者梵天言云何比丘
名多諍訟荅言是好是惡此名諍訟是理是

BD00376　思益梵天所問經（异本）卷三

名多諍訟答言是好是惡此名諍訟是理是
非理此名諍訟是垢是淨此名諍訟是善是
不善此名諍訟是毀戒此名諍訟是應作
是不應作此名諍訟以是法得道以是法
得果此名諍訟梵天若於法中有高下心貪
著取受皆是諍訟佛所說法无有諍訟梵天
樂戲論者无不諍訟樂諍訟者无沙門法樂
沙門法者无有妄想貪著梵天言云何比丘
隨佛語隨佛教答言若比丘稱讚毀辱其
心不動是名隨佛教若比丘不隨文字語言
是名隨佛語又比丘滅一切諸相是名隨佛教
不違於義是名隨佛語若比丘守護於法是

壞法性是名能守護法梵天言云何比丘親
近於佛荅言若比丘於諸法中不見有法若
近若遠是名親近於佛梵天言云何比丘給
侍於佛荅言若比丘身口意无所作是名給
侍於佛梵天言誰能供養佛荅言不起福業
不起无動業者梵天言誰能見佛荅言若不
著肉眼不著天眼不著慧眼是能見佛梵
天言誰能見法荅言不逆諸因緣法者梵天
言誰能順見諸因緣法荅言不起平等不見
平等所生相者梵天言誰得真智荅言不生
不滅諸漏者梵天言誰能隨學如來荅言不起
不受不取不捨諸法者梵天言誰名正行荅
言不隨三界者

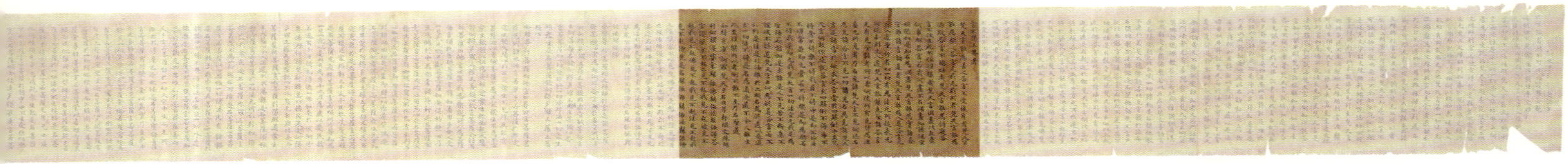

言不隨三界者
梵天言誰為善人答言不受後身者梵天言
誰為樂人答言无我无我所者梵天言誰為
得脫答言不壞縛者梵天言誰為得度答
言不住生死不住涅槃者梵天言漏盡比丘盡
何事耶答言若有所盡不名漏盡知諸漏空
相隨如是知名為漏盡梵天言誰為實語答
言離諸言論道者梵天言誰為入道答言凡
有入道聖行者知一切有為法无所從來无
所從去則无入道梵天言誰能見聖諦答言
无有見聖諦者所以者何隨所有見皆為虛
妄无所見者乃名見諦梵天言不見何法名
為見諦答言不見一切諸見名為見諦梵天

天言何故作是說答言我以真實不得諦
得常不得樂不得我若不得淨是即不淨若
不得常是即无常若不得樂是即為樂若
不得我是即无我梵天言一切法空无我是為
聖諦若能如是求諦是人不見苦不斷集不
證滅不脩道梵天言云何為脩道答言若不
分別是法是非法離於二相名為脩道以是道
求一切法不得是名為道是道不令人離生
死至涅槃所以者何不離不至乃名聖道
尒時有摩訶羅梵天子名曰等行問文殊師
利何謂優婆塞歸依佛歸依法歸依僧答
言優婆塞不起二見不起我見不起彼見不
起我見不起佛見不起我見不起法見不起我
見不起僧見是名歸依佛歸依法歸依僧

起我見不起佛見不起我見不起法見不起我
見不起僧見是名歸依佛歸依法歸依僧
又優婆塞不以色見佛不以受想行識見佛是
名歸依佛優婆塞於法无所分別亦不行非
法是名歸依法優婆塞不離有為法見无
為法不離无為法見有為法是名歸依僧又優
婆塞不得佛不得法不得僧是名歸依佛歸
依法歸依僧
尒時等行菩薩問文殊師利言是諸菩薩
發菩提心者為趣何所荅言趣於虛空所以者
何向耨多羅三藐三菩提同虛空故等行言
云何菩薩名發向耨多羅三藐三菩提心荅
言若菩薩知一切發非發一切法非法一切衆生
非是生□名菩薩發阿耨……

尒時等行菩薩白佛言世尊所言菩薩菩
薩為何謂也佛言善男子若菩薩於邪定
衆生發大悲心於正定衆生不見殊異故言
菩薩所以者何菩薩不為正定衆生不為不定
衆生故發心但為度邪定衆生故而起大悲
發阿耨多羅三藐三菩提心故言菩薩尒時善
提菩薩白佛言世尊我為樂說所以為菩薩
佛言便說善提菩薩言辟如善男子女人受
一日戒无毀无缺若菩薩如是從初發心乃
至成佛於中其間常脩淨行是名菩薩堅
意菩薩言若菩薩成就深固慈心是名菩薩度
衆生菩薩言辟如橋船度人不惓无有分別若
心如是是名菩薩斷惡道菩薩言若菩薩

衆生菩薩言譬如橋船度人不憚无極名爲

心如是是名薩菩斷惡道菩薩言若菩薩

於諸佛國頭是之處即時一切惡道皆滅是

名菩薩觀世音菩薩言若菩薩衆生見者即

時畢定於阿耨多羅三藐三菩提又稱其名

得免衆苦是名菩薩得大勢菩薩言若菩

薩所投足處振動三千大千世界及魔宮殿

是名菩薩无疲惓菩薩言若恒河沙等劫爲

一日一夜以是卅日爲月十二月爲歲以是歲數

若過百千万億劫得值一佛如是於恒河沙

等佛所行諸梵行備集功德然後得受阿耨

多羅三藐三菩薩記心不休息无有疲惓是名

菩薩道師菩薩言若菩薩於墮邪道衆生

生大悲心令入正道[illegible]

弥山一於衆色是名菩薩那羅延菩薩言
若菩薩不為一切煩惱所壞是名菩薩心力菩
薩言若菩薩以心思惟一切諸法无有錯謬
是名菩薩師子遊步自在菩薩言若菩薩於
諸論中不怖不畏得深法忍能使一切外道
怖畏是名菩薩不可思議菩薩言若菩薩知
心相不可思議无所思惟分別是名菩薩善解
天子言若菩薩能於一切天宮中生而无所
染亦不得是无染之法是名菩薩實語菩薩
言若菩薩有所發言常以真實乃至夢中
亦无妄語是名菩薩喜見菩薩言若菩薩
能見一切色皆是佛色是名菩薩常慘菩薩常慘菩
薩言若菩薩見道生死衆生其心不樂世間者樂

BD00376　思益梵天所問經（异本）卷三

能見一切色皆是名菩薩常慚菩薩常慚菩
薩言若菩薩見墮生死衆生其心不樂世間諸樂
自度已身亦度衆生是名菩薩心无閡菩薩言
若菩薩於一切煩惱衆魔而不瞋閡是名菩
薩常喜根菩薩言若菩薩常以喜根自滿其
願亦滿他願所作皆辦是名菩薩斷疑女菩
薩言若菩薩於一切法中不生疑悔是名菩
薩師子幢女菩薩言若菩薩无男无女法
而現種種色身為成就衆生故是名菩薩
寶女菩薩言若菩薩於諸寶中不生愛樂但樂三
寶是名菩薩毗舍佉達多優婆夷言若菩
薩有所得者則无菩提若不得一切法不生
一切法不滅一切法是名菩薩跋陁婆羅賢士

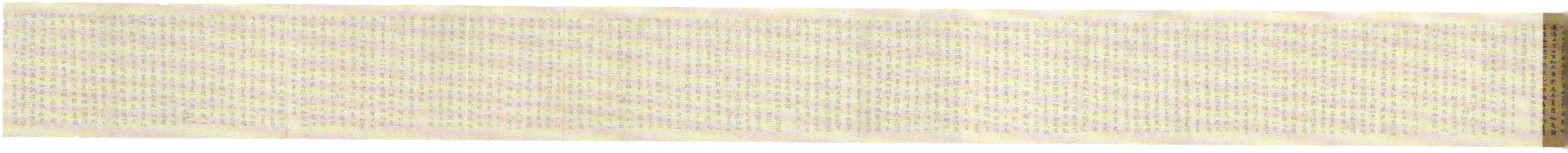

三種三善根[illegible]
薩常脩僮子梵行乃至不以心念五欲何况身
受是名菩薩忉利天子曇陁羅華香菩薩言
若菩薩持戒熏心常流諸善法香不流餘香
是名菩薩作喜菩薩言若菩薩喜樂三法謂
供養佛演說於法教化衆生是名菩薩思益
梵天言若菩薩所見之法皆是佛法是名菩
薩彌勒菩薩言若菩薩衆生見者即得慈心
三昧是名菩薩文殊師利法王子言若菩薩
雖說諸法而不起法相不起非法相是名菩薩
網明菩薩言若菩薩光明能滅一切衆生煩
惱是名菩薩普華菩薩言若菩薩見諸如
來滿十方世界如林華敷是名菩薩如是諸
菩薩各各隨所樂說已尒時佛告等行菩薩

BD00376　思益梵天所問經（异本）卷三

來滿十方世界如林華敷是名菩薩如是諸
菩薩各各隨所樂說已尒時佛告等行菩薩
若菩薩能代一切衆生受諸苦惱亦復能捨
一切福事與諸衆生是名菩薩
尒時思益梵天問等行菩薩言善男子汝
今以何為行答言我以隨一切有為法衆生行為
行又問隨一切有為法衆生以何為行答
言諸佛所行是隨一切有為法衆生行也又
問諸佛以何為行答言諸佛以第一義空為
行又問凡夫所行諸佛亦以是行凡聖有何差別
等行言汝欲令空中有差別耶答言不也等行
言如来不說一切法空耶答言然是故梵天
一切法无有差別是諸行相亦復如是所以

何謂也答言於諸行中有四梵行是名行處
行若人離四梵行不名行處行能行四梵行是
名行處行梵天若人成就四梵行雖於空閑
曠野中行是名行處行若不成就四梵行雖
於樓殿堂閣金銀床榻妙好被褥於此中行
不名行處行亦復不能善知行相又問菩薩
以何行知見清淨答言於諸行中能淨我見
又問菩薩得我實性即得實知見耶答言然若
見我實性即是實知見辟如國王典金藏人
因已出用知餘在者如是因知我實性故得
實知見又問云何得我實性答言若得无我
法所以者何我畢竟无根本无决定故若能

法所以者何我畢竟无根本无决定故若能
如是知者是名得我實性又問如我解文殊
師利所説義以見我故即是見佛所以者
何我性即是佛性文殊師利誰能見佛荅言
不壞我見者所以者何我見即是法見以法
見能見佛又問頗有无所行名為正行荅言
有若不行一切有為法是名正行又問云何
行名為正行荅言若不見為故行不為断不
為證不為脩故行是名正行又問慧眼為見
何法荅言若有所見不名慧眼慧眼不見有
為法不見无為法所以者何有為法皆虚妄
分别无虚妄分别是名慧眼无為法空无所
有過諸眼道是故慧眼亦不見无為法又問

中无道无果无行无得无相[illegible]
无所得故乃名為得若有所得當知是為增
上慢人正行者无增上慢无增上慢則无行
无得又問得何法故名為得道答言若法不
自生不彼生亦不衆緣生從本已来常无
有生得是法故說名得道又問若法不生為
何所得答言若知法不生即名為得是故佛
說若見諸有為法不生相即入正位又問云何
名正位答言我及涅槃等不起二是名正位
又行平等故名為正位以平等出諸苦惱故
名正位入了義中故名正位除一切憶念故名
正位尒時世尊讚文殊師利言善哉善哉快
說此言誠如所說說是法時七千比丘不受諸
法漏盡心得解脫三万二千諸天遠塵離垢得

說此言誠如所說說是法時七千比丘不受諸
法漏盡心得解脫三万二千諸天遠塵離垢得
法眼淨十千人離欲得定二百人發耨阿
多羅三藐三菩提心五百菩薩得无生法忍
尒時思益梵天白佛言世尊是文殊師利法
王子能作佛事大饒益衆生文殊師利言
佛出於世不為益法故出不為損法故出梵天
言佛豈不滅度无量衆生仁者亦不利益无量
衆生耶文殊師利言汝欲於无衆生中得衆
生耶荅言不也梵天汝欲得衆生決定相耶
荅言不也梵天汝欲得諸佛有出生相生於世
聞耶荅言不也梵天何等是衆生為佛所滅
度者梵天言如仁所說義无生死无涅槃文

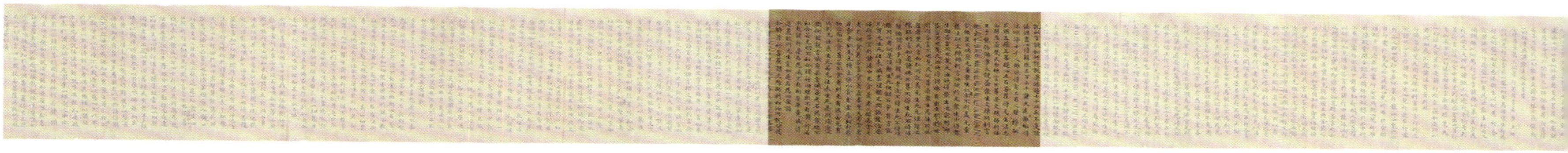

槃住諸見不住解脫者亦不住生死不住涅
槃所以者何是涅槃是生死但假名字有言說
耳實无生死往来滅盡涅槃又問誰能信是
法耶答言於諸法中无貪著者又問若貪著
者於何貪著答言貪著虛妄梵天若貪著
是實者終无无增上慢以貪著虛妄故行者
知之而不貪著若不貪著則无有流若无有
流則无往来生死若无往来生死是則滅度又
問何故說言滅度答言滅度者名為衆緣不
和合若无明不和合諸行因緣則不起諸行若
不起諸行是名為滅不起相是畢竟滅得
是道故則无生處如是名為四聖諦
尒時等行菩薩謂文殊師利如汝所說皆為
真實答言一切言說皆為真實又問虛妄

尒時等行菩薩謂文殊師利如汝所說皆為
真實荅言一切言說皆為真實又問虛妄
言說亦真實耶荅言如是所以者何是諸言說
皆為虛妄无處无方若法虛妄无處无方是
故一切言說皆是真實善男子提婆達語如
来語无異无分別所以者何一切言說皆是如
来言說不出如故一切言說有所說事皆以
无所說故得有所說是以一切言說皆等文
字同故文字无念故文字空故等行言如来
不說凡夫語言賢聖語言耶文殊師利言然
以文字說凡夫語言亦以文字說賢聖語言如
是善男子諸文字有分別是凡夫語言是賢
聖語言耶等行言不也文殊師利言如諸文

諸言所以者何賢聖不以身相不以
相不以法相有所說也譬如鍾鼓衆緣和合
而有音聲是諸鍾鼓亦无分別如諸賢聖善
知衆因緣故於諸言說无貪无閡等行言如
佛所說汝等集會當行二事若說法若聖
嘿然何謂說法何謂聖嘿然答言若說法不
違佛不違法不違僧是名說法若知法即是
佛離相即是法无為即是僧是名聖嘿然又
善男子四念處有所說名為說法於一切
法无所憶念名聖嘿然四正勤有所說名
為說法以諸法等不作等不作不等名聖嘿
然四如意是有所說名為說法若不起身
心名聖嘿然五根五力有所說名為說法若
不隨他語有所言為不取不舍文[illegible]别者法

心名聖嘿然因五根五力有所說名爲說法若
不隨他語有所信爲不取不捨故部分別諸法
一心安住无念念中解一切法常定性斷一
切戲論慧名聖然嘿因七菩提分有所說
名爲說法若常行捨心无所分別无增无減
名聖嘿然因八聖道分有所說名爲說法若
知諸法相如栰喻不依法不依非法名聖嘿
然善男子於是卅七助道法若能開解演說
名爲說法若身證是法亦不離身見法亦不
離法見身於是觀中不見二相不見不二相
如是現前知見而亦不見名聖嘿然
又善男子若不妄想著我不妄想著彼不妄
想著法有所說名爲說法若至不可說相能
雖一切言

誨之名為說法常入於定心不散乱名聖嘿然
等行言如我觧文殊師利所説義一切聲
聞辟支佛无有說法亦无聖嘿然所以者何
不能了知一切衆生諸根利鈍亦復不能常
在於定文殊師利若有真實問言何等是世間
說法者何等是世間聖嘿然者則當為說諸
佛是也所以者何諸佛善能分别一切衆生
諸根利鈍亦常在定佛告文殊師利如是如
是如等行所說唯諸佛如来有此二法
尒時須菩提白佛言世尊我親從佛聞汝等
集會當行二事若說法若聖嘿然世尊若聲
聞不能行者云何如来勅諸比丘行此二事
佛告須菩提於汝意云何若聲聞不從他聞

BD00376　思益梵天所問經（异本）卷三

佛告須提菩於汝意云何若聲聞不從他聞
能說法能聖嘿然不須菩提言不也須菩提
是故當知一切聲聞辟支佛无有說法无聖
嘿然尒時文殊師利謂須菩提如来了知衆
生八万四千行汝於此中有智慧能隨其所
應為說法不荅言不也令須菩提能入觀一
切衆生心三昧住是三昧通達一切衆生心
文殊師利言
心所行自心他心无所閡不荅言不也須菩
提如来於衆生八万四千行隨其所應為說
法藥又常住定平等相中心不動揺而通達
一切衆生心心所行須菩提是故當知一切聲
聞辟支佛不能及此事須菩提或有衆生多婬

有衆生多瞋恚者以[illegible]
佛能知或有衆生多愚癡者以不共語得解
脫不以說法唯能佛知或有衆生等分行者不
以觀淨不以不淨不以觀過不以慈心不以不
共語不以說法得解脫者隨其根性以諸法
平等而為說法使得解脫唯佛能知是故
如來於諸說法人中為最第一禪定人中亦
最第一尒時須菩提問文殊師利若聲聞
辟支佛不能如是說法不能如是聖嘿然者
諸菩薩有成就如是功德能說法能聖嘿然
不答言唯佛當知於是佛告須菩提有三昧
名入一切語言心不散乱若菩薩成就此三昧
皆得是功德
尒時文殊師利謂等行菩薩善男子為衆生

皆得是功德
尒時文殊師利謂等行菩薩善男子爲衆生
八万四千行故說八万四千法藏名爲說法常
在一切滅受想（行）定中名聖嘿然善男子我若
一劫若滅一劫能說是義是謂說法相是聖嘿然
相猶不能盡於是佛告等行菩薩善男
子乃往過去无量无邊不可思議阿僧祇劫
時世有佛号曰普光劫曰名聞國名喜見彼
國嚴淨豐樂安隱天人熾盛其地皆以衆寶
莊嚴柔耎細滑生寶蓮華一切香樹充滿其
中常出妙香善男子喜見國土有四百億四
天下一一天下縱廣八万四千由旬其中諸城
縱廣一由旬皆以衆寶校餝一一城者有二

无量百千人[illegible]
悅无可憎惡亦悉皆得念佛三昧是以國土
名曰喜見若他方世界諸來菩薩皆得快樂
餘國不介善男子其普光佛以三乘法為弟
子說亦多樂說如是法言汝等比丘當行二
事若說法若聖嘿然善男子介時上方鑿王
佛土有二菩薩一名无盡意二名益意來詣
普光佛所頭面礼佛足右繞三帀恭敬合掌却
住一面時普光佛為二菩薩廣說淨明三昧
所以名淨明三昧者若菩薩入是三昧即得解
脫一切諸相及煩惱著亦於一切佛法得淨光
明是故名為淨明三昧又前際一切淨法後
際一切法淨現在一切法淨是三世畢竟淨

BD00376　思益梵天所問經（异本）卷三

際一切法淨現在一切法淨是三世畢竟淨
无餘令不淨性常淨故是以說一切諸法性
常清淨何謂諸法淨謂一切法空相離有
所得故一切法无相相離憶分別故一切法
无作相不取不捨无求无願畢竟離自性故
是名性常清淨以是常淨相知生死性即是
涅槃涅槃性即是一切法性是故說心性常
明淨善男子辟如虛空若受垢汙无有是處
心性亦如是若有垢汙无有是處又如虛空
雖為烟塵雲霧覆翳不明不淨而不能染
汙虛空之性設染汙者不可復淨以虛空實不
染汙故還見清淨凡夫心性亦如是雖邪憶念起

漠淨以心相寧不垢汙性常明淨是故心行
解脫善男子是名入淨明三昧門彼二菩薩
聞是三昧於諸法中得不可思議法光明尒
時无盡意菩薩白普光如來言世尊我等已聞入淨明
三昧門當以何行行此法門佛告无盡意善
男子汝等當行二行若說法若聖嘿然時二菩
薩從佛受教頭面礼佛足右繞三帀而出趣一園
林自以神力化作寶樓於中脩行時有梵天
名曰妙光與七万二千梵俱來至其所頭面礼
足問二菩薩善男子普光如來說言汝等
比丘集會當行二事若說法若聖嘿然善男
子何謂說法何謂聖嘿然二菩薩言汝今善
聽我當少說唯有如來乃通達耳於是二
薩以一百義為諸梵衆廣分別說時七万二

BD00376　思益梵天所問經（异本）卷三

聽我當少說唯有如来乃通達耳於是二
菩薩以二句義爲諸梵衆廣分別說時七万二
千梵皆得无生法忍妙光梵天得普昧明三昧
是二菩薩於七万六千歲以无閡辯力荅其
所問不能不息分別二句手相問荅而不窮
盡於是普光如来在虛空中作如是言善男
子勿於文字言說而起諍訟凡諸言說皆
空如響如所問荅亦如是汝等二人皆得无閡
辯未及无盡陁羅尼若於一劫若百劫說此
二句辯不可盡善男子佛法是寂滅相第一之
義此中无有文字不可得說諸所言說皆无
義利是故汝等當隨此義勿隨文字是二
菩薩聞佛教已嘿然而止佛告等行以是當

不[illegible]窮盡文[illegible]
二菩薩豈異人乎勿造斯觀无盡意者今
文殊師利是益意菩薩者今汝身是妙光
梵天者今思益梵天是
尒時等行菩薩白佛言未曾有也世尊諸佛
菩提爲大饒益如所說行精進衆生世尊
其懈怠不能如說行者雖值百千万諸佛无能
爲也當知從勤精進得出菩提尒時文殊師
利謂等行菩薩善男子汝知菩薩云何行名
勤精進荅言若菩薩能得聖道名勤精進又
問云何行能得聖道荅言若於諸法无所分別
如是行者能得聖道又問云何名得聖道已
荅言若行者於平等中見諸法等是名得聖
道已又問平等可得見耶荅言不也所以者何若平等

荅言若行者於平等中見諸法等是名得聖
道已又問平等可得見邪荅言不也所以者何若平等
可見則非平等思益梵天謂文殊師利若行
者於平等中不見諸法是名得聖道已文殊
師利言何故不見思益言離二相故不見不見
即是正見又問誰能正見世間荅言不壞世
間相者又問云何為不壞世間相荅言色如
无別无異受想行識如无別无異若行者見
五陰平等如相是名正見世間又問何等是
世間相荅言滅盡是世間相又問滅盡相可
復盡邪荅言滅盡相者不可盡世又問何故
說言世間是盡相荅言世間畢竟盡相是相
不可盡所以者何已盡者不可復盡也又問佛

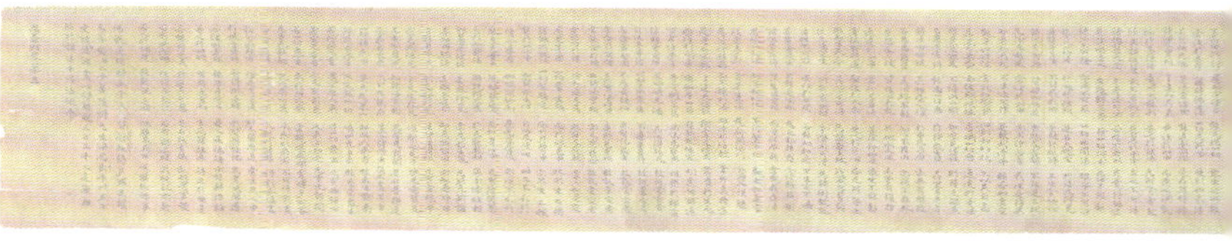

又問何故數名有為法荅言以盡相故名有
為法又問有為法者為住何所荅言无為性
中住又問有為法无為法有何差別荅言有
為法无為法文字言說有差別耳所以者何
以文字言說言是有為言是无為若求有為无
為實相則无差別以實相无差別故又問何
等是諸法實相義荅言一切法平等无有
差別是諸法實相義又問何等為義荅言以
文字說令人得解故名為義所以者何實相義
者不如文字所說諸佛雖以文字有所言說
而於實法无所增減文殊師利一切言說皆
非言說是故佛語名不可說諸佛不可以言相
說故又問法可得說佛相荅言諸佛如來不可

非言說是故佛語名不可說諸佛不可以言相
說故又問云何得說佛相荅言諸佛如來不可
以色身說相不可以卅二相說相不可以諸功德
法說相又問諸佛可離色身卅二相諸功德法
而說相邪荅言不也所以者何色身如卅二相如
諸功德法如諸佛不即是如亦不離是如如是可
說佛相不失如故又問諸佛世尊得何等故号名
為佛荅言諸佛世尊通達諸法性如相故說名
為佛正遍知者於是等行菩薩白佛言世尊
何謂菩薩行大乘尒時世尊以偈荅言
菩薩不壞色　發行菩提心　知色即菩提　是名行菩提
如色菩提然　等入於如相　不壞諸法性　是名行菩提
不壞諸法性　則為菩提義　是菩提義中　亦无有菩提

[illegible]

若有諸菩薩　於上中下法　不取亦不捨　是名行菩提

若法及非法　不分別為二　亦不得不二　是名行菩提

若二則有為　非二則无為　離是二邊者　是名行菩提

是人過凡夫　亦不入法位　未得果亞聖　是世間福田

行於世間法　處中若蓮華　導脩冣上道　是名行菩提

世間所行處　悉於是中行　世間所貪著　於中得解脫

菩薩无所畏　不沒生死淵　无憂无疲惓　而行菩提道

斯人能善知　法性真實相　是故不分別　是法是非法

行於佛道時　无法可捨離　亦无法可受　是名菩薩相（行　提）

一切无相法　猶若如空虛　終不作是念　是相是可相

善知世所行　遍知方便力　能充滿一切　衆生之所願

常住於平等　護持佛正法　一切无所念　是則如來法

若有佛无佛　是法常住世　能通達世相　是名護持法

BD00376　思益梵天所問經（异本）卷三

常住於平等　諸持佛正法　一切无所念　是則如來法
若有佛无佛　是法常住世　能通達此相　是名護持法
諸法之實相　了達知其義　安住於此中　而為人演說
行於甚深法　魔所不能測　是人於諸法　无所貪著故
願求諸佛慧　亦不著願求　是慧於十方　求之不可得
諸佛慧无閡　不著法非法　若能不著此　究竟得佛道
具諸樂善之　布施轉高尊　捨一切所有　而心不傾動
諸法不可捨　亦復不可取　一切世間法　根本不可得
能見一切法　非施非捨相　是名大施主　於法无所見
是諸菩薩　不計我我所　是故行施時　不生貪惜心
諸所有布施　皆迴向佛道　布施及菩提　不住是二相
无作无起戒　常住於此中　亦不作念言　我住是持戒
智者知戒相　不生亦不住　是故戒清淨　猶若如虛空
觀[illegible]

其心常無受 [illegible]

持戒及毁戒 不得此二相 如是見法性 則持无漏戒

已度忍辱岸 能忍一切惡 於諸衆生類 其心常平等

諸法念念滅 其性常不住 於中无罵辱 亦無有恭敬

若節節解身 其心終不動 知心不在内 亦復不在外

身恐及刀杖 皆從四大起 於地水火風 未曽有傷損

通達於此事 常行忍辱法 菩薩行如是 衆生不能動

勇猛勤精進 堅住於大乘 是人於身心 而无所依止

雖知生死本 其際不可得 為諸衆生故 莊嚴大誓願

法无決定生 何許有滅相 本際不可得 為顛倒故説

法性不可議（説） 常住於世間 若能知如是 不生亦不滅

菩薩念衆生 不解是法相 為之勤精進 令得離顛倒

諸佛常不得 衆生決定相 而被弘本願 常觀精進力

思惟一切法 知皆如化 不得堅牢相 觀之如虚空

BD00376 思益梵天所問經（异本）卷三

諸佛常不得　衆生法空相　而能弘本願　常勸精進力
思惟一切法　知皆如幻化　不得堅牢相　觀之如虛空
從虛妄分別　貪著生苦惱　為斯開法門　令得入涅槃
為彼行精進　而不壞於法　離法非法故　常行真精進
是等行遠離　了達无諍訟　獨處无憒鬧　常畏於生死
樂住於閑居　猶如犀一角　遊戲衆禪定　明達神諸通
心常住平等　等空閑聚落　威儀无變異　恒樂於禪定
信解常定法　及縛滅无漏　其心得解脫　故說常定者
自住平等法　以此導衆生　不違平等行　故說常定者
志念常堅固　不忘菩提心　亦能化衆生　故說常定者
常念於諸佛　真實法性身　遠離色身相　故說常定者
常修念於法　如諸法實相　亦无有憶念　故說常定者
常修念於僧　僧即是无為　離數及非數　常入如是定

諸佛所説法　一切能聽受　而持其[illegible]　亦不生二相
能於一心中　知諸衆生心　自心及彼心　此二不分別
憶念過去世　如恒河沙劫　是先及是後　亦復不分別
能至无量土　現神諸通力　而於身心中　无有疲惓想
分別知諸法　樂説辯无盡　於无數劫　開示法性相
知慧度彼岸　善解陰界入　常為衆生説　无取无戲論
善知因緣法　遠離二邊相　知是煩惱因　亦知是淨因
信解因緣法　則无諸邪見　法皆屬因緣　无有空根本
我見與佛見　空見生死見　涅槃之見等　皆无是諸見
无量智慧光　知諸法實相　无闇无鄣閡　是行菩提道
是乘名大乘　不可思議乘　悉容諸衆生　猶不盡其量
一切諸乘中　是乘為第一　如此大乘者　能出生餘乘
餘乘有限量　不受能一切　唯此无上乘　能悉受衆生
若行此无量　盡空之大乘　於一切衆生　无有慳悋心

餘乘有限量　不受能一切　唯此无上乘　能悉受衆生
若行此无量　虛空之大乘　於一切衆生　无有慳惱心
虛空无量有　亦无有形色　大乘亦如是　无量无鄣閡
若一切衆生　乘於此大乘　當觀是乘相　寬博多所容
无量无數劫　說大乘功德　及乘此乘者　不可得窮盡
若人聞是經　及於持一偈　永脫於諸難　得到安隱處
敬念此經者　捨是身已後　終不墮惡道　常生天人中
於後惡世時　若得聞是經　我皆與授記　究竟成佛道
若信此者經　佛法在是人　是人在佛法　亦能轉法輪
若人持此經　能轉无量劫　生死諸往來　得近於佛道
若能持是義　精進大智慧　是名極勇猛　能破魔軍衆
若於然燈佛　往得忍授記　若有樂是經　我授記亦然
若人於佛後　能解說是經　佛雖不在世　為能作佛事

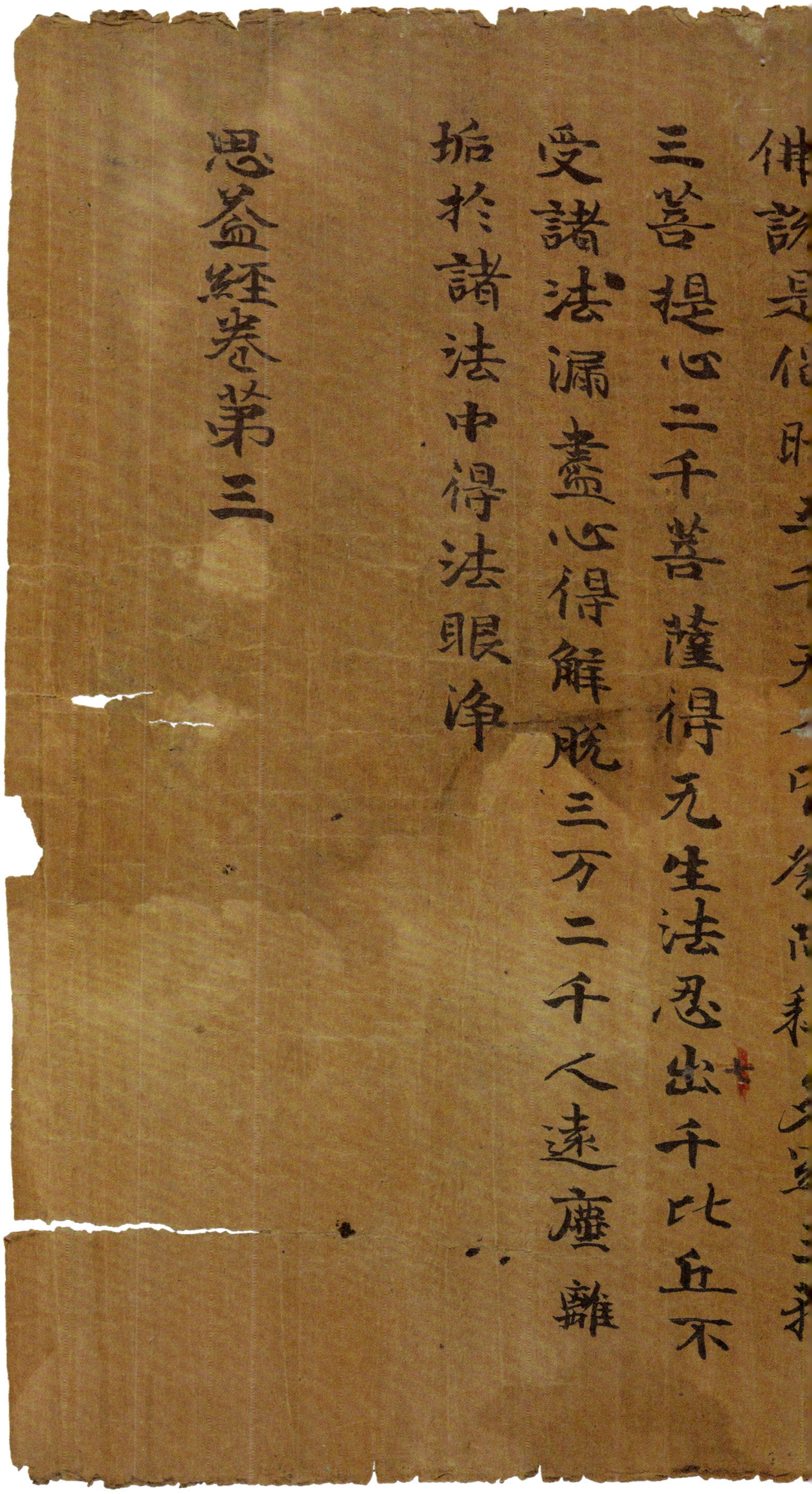

佛說是經時五千天人皆發阿耨多羅三藐

三菩提心二千菩薩得无生法忍出千比丘不

受諸法漏盡心得解脫三万二千人遠塵離

垢於諸法中得法眼淨

思益經卷第三

BD00376　思益梵天所問經（异本）卷三

BD00377 妙法蓮華經（八卷本）卷七

（後秦）鳩摩羅什 譯

656.2cm × 25cm

見四衆亦復故往礼拜讃歎而作是言我不
敢輕於汝等汝等皆當作佛四衆之中有生
瞋恚心不淨者惡口罵詈言是无智比丘從
何所來自言我不輕汝而與我等授記當得
作佛我等不用如是虚妄授記如此經歷多
年常被罵詈不生瞋恚常作是言汝當作佛
說是語時衆人或以杖木瓦石而打擲之避
走遠住猶高聲唱言我不敢輕汝汝等皆當
作佛以其常作是語故增上慢比丘比丘尼
優婆塞優婆夷号之為常不輕是比丘臨欲
終時於虚空中具聞威音王佛先所說法華
經二十千万億偈悉能受持即得如上眼根
清淨耳鼻舌身意根清淨得是六根清淨已

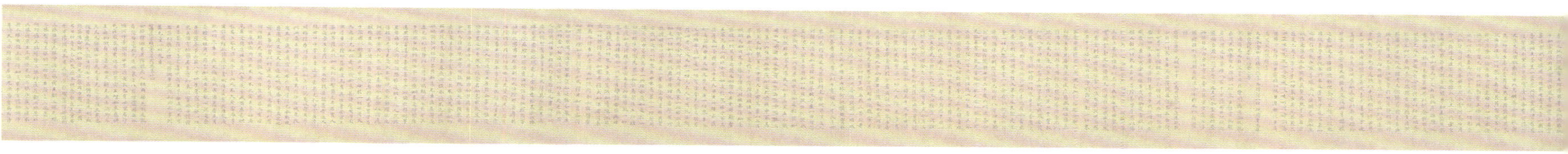

塞優婆夷輕賤是人為作不輕名者見其得
大神通力樂說辯力大善寂力聞其所說皆
信伏隨從是菩薩復化千万億衆令住阿耨多
羅三藐三菩提命終之後得值二千億佛皆
号日月燈明於其法中說是法華經以是
因緣復值二千億佛同号雲自在燈王於此
諸佛法中受持讀誦為諸四衆說此經典故
得是常眼清淨耳鼻舌身意諸根清淨於
四衆中說法心无所畏得大勢是常不輕菩
薩摩訶薩供養如是若干諸佛恭敬尊重讚
歎種諸善根於後復值千万億佛亦於諸佛
法中說是經典功德成就當得作佛得大勢
於意云何尒時常不輕菩薩豈異人乎則我
身是也若我於宿世不受持讀誦此經為他

身是也若我於宿世不受持讀誦此經為他
人說者不能疾得阿耨多羅三藐三菩提我
於先佛所受持讀誦此經為人說故疾得阿
耨多羅三藐三菩提得大勢彼時四衆比丘
比丘尼優婆塞優婆夷以瞋恚意輕賤我故
二百億劫常不值佛不聞法不見僧千劫於
阿鼻地獄受大苦惱畢是罪已復遇常不輕
菩薩教化阿耨多羅三藐三菩提得大勢於
汝意云何尒時四衆常輕是菩薩者豈異人
乎今此會中颰陁婆羅等五百菩薩師子月
等五百比丘尼思佛等五百優婆塞皆於
阿耨多羅三藐三菩提不退轉者是得大勢
當知是法華經大饒益諸菩薩摩訶薩能令
至於阿耨多羅三藐三菩提是故諸菩薩摩
訶薩於如來滅後常應受持讀誦解說書寫

過去有佛　号威音王　神智无量　將導一切
天人龍神　所共供養
是佛滅後　法欲盡時　有一菩薩　名常不輕
時諸四衆　計著於法　不輕菩薩　往到其所
而語之言　我不輕汝　汝等行道　皆當作佛
諸人聞已　輕毀罵詈　不輕菩薩　能忍受之
其罪畢已　臨命終時　得聞是經　六根清淨
神通力故　增益壽命　復為諸人　廣說是經
諸著法衆　皆蒙菩薩　教化成就　令住佛道
不輕命終　值无數佛　說是經故　得无量福
漸具功德　疾成佛道　彼時不輕　則我身是
時四部衆　著法之者　聞不輕言　汝當作佛
以是因緣　值无數佛　此會菩薩　五百之衆
并及四部　清信士女　今於我前　聽法者是

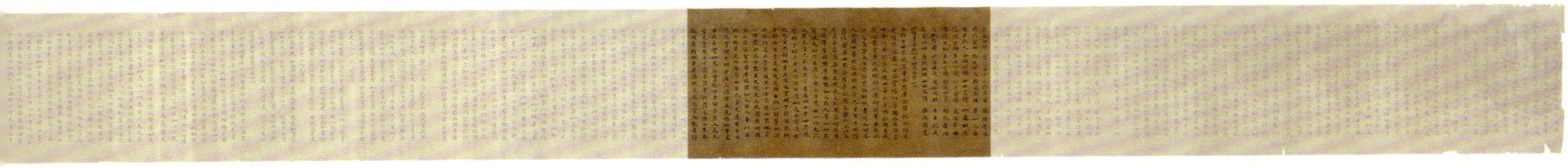

并及四部 清信士女 今於我前 聽法者是
我於前世 勸是諸人 聽受斯經 第一之法
開示教人 令住涅槃 世世受持 如是經典
億億万劫 至不可議 時乃得聞 是法華經
億億万劫 至不可議 諸佛世尊 時說是經
是故行者 於佛滅後 聞如是經 勿生疑惑
應當一心 廣說此經 世世值佛 疾成佛道

妙法蓮華經如来神力品第廿一

尒時千世界微塵等菩薩摩訶薩從地踊出
者皆於佛前一心合掌瞻仰尊顏而白佛言
世尊我等於佛滅後世尊分身所在國土滅
度之處當廣說此經所以者何我等亦自欲
得是真淨大法受持讀誦解說書寫而供養
之尒時世尊於文殊師利等无量百千万億
舊住娑婆世界菩薩摩訶薩及諸比丘比丘尼

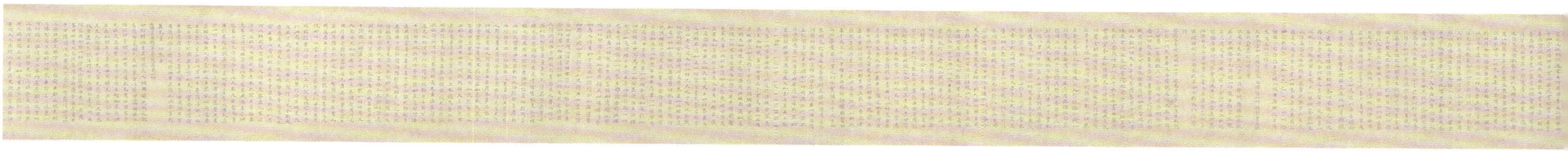

迦樓羅緊那羅摩睺羅伽人非人等一切衆
前現大神力出廣長舌上至梵世一切毛孔
放於无量无數色光皆悉遍照十方世界衆
寶樹下師子座上諸佛亦復如是出廣長舌
放无量光釋迦牟尼佛及寶樹下諸佛現神
力時滿百千歲然後還攝舌相一時謦欬俱
共彈指是二音聲遍至十方諸佛世界地皆
六種震動其中衆生天龍夜叉乾闥婆阿脩
羅迦樓羅緊那羅摩睺羅伽人非人等以佛
神力故皆見此娑婆世界无量无邊百千万
億衆寶樹下師子座上諸佛及見釋迦牟尼
佛共多寶如来在寶塔中坐師子座又見无
量无邊百千万億菩薩摩訶薩及諸四衆恭
敬圍遶釋迦牟尼佛既見是已皆大歡喜得

敬圍遶釋迦牟尼佛既見是已皆大歡喜得
未曾有即時諸天於虛空中高聲唱言過此
无量无邊百千万億阿僧祇世界有國名娑
婆是中有佛名釋迦牟尼今為諸菩薩摩訶
薩說大乘經名妙法蓮華教菩薩法佛所護
念汝等當深心隨喜亦當礼拜供養釋迦牟
尼佛彼諸衆生聞虛空中聲已合掌向娑婆
世界作如是言南无釋迦牟尼佛南无釋迦牟
尼佛以種種華香瓔珞幡蓋及諸嚴身之具
珎寶妙物皆共遙散娑婆世界所散諸物從十
方來譬如雲集變成寶帳遍覆此閒諸佛之
上于時十方世界通達无礙如一佛土尒時
佛告上行等菩薩大衆諸佛神力如是无量
无邊不可思議若我以是神力於无量无

法如来一切自在神力如来一切秘要之藏
如来一切甚深之事皆於此經宣示顯說是
故汝等於如来滅後應當一心受持讀誦解
說書寫如說脩行所在國土若有受持讀誦
解說書寫如說脩行若經卷所住之處若於
園中若於林中若於樹下若於僧坊若白衣
舍若在殿堂若山谷曠野是中皆應起塔供
養所以者何當知是處即是道場諸佛於此
得阿耨多羅三藐三菩提諸佛於此轉于法
輪諸佛於此而般涅槃爾時世尊欲重宣此義
而說偈言
諸佛救世者　住於大神通　為悅衆生故　現无量神力
舌相至梵天　身放无數光　為求佛道者　現此希有事
諸佛謦欬聲　及彈指之聲　周聞十方國　地皆六種動

諸佛謦欬聲 及彈指之聲 周聞十方國 地皆六種動
以佛滅度後 能持是經故 諸佛皆歡喜 現无量神力
屬累是經故 讚美受持者 於无量劫中 猶故不能盡
是人之功德 无邊无有窮 如十方虛空 不可得邊際
能持是經者 則為已見我 亦見多寶佛 及諸分身者
又見我今日 教化諸菩薩
能持是經者 令我及分身 滅度多寶佛 一切皆歡喜
十方現在佛 并過去未來 亦見亦供養 亦令得歡喜
諸佛坐道場 所得秘要法 能持是經者 不久亦當得
能持是經者 於諸法之義 名字及言辭 樂說无窮盡
如風於空中 一切无障礙
於如來滅後 知佛所說經 因緣及次第 隨義如實說
如日月光明 能除諸幽冥 斯人行世間 能滅衆生闇
教无量菩薩 畢竟住一乘 是故有智者 聞此功德利

尒時釋迦牟尼佛從法座起現大神力以右手
摩无量菩薩摩訶薩頂而作是言我於无量
百千万億阿僧祇劫脩習是難得阿耨多羅
三藐三菩提法今以付屬汝等汝等應當一心
流布此法廣令增益如是三摩諸菩薩摩訶薩
頂而作是言我於无量百千万億阿僧祇劫脩
習是難得阿耨多羅三藐三菩提法今以付屬
汝等汝等當受持讀誦廣宣此法令一切衆
生普得聞知所以者何如來有大慈悲无
諸慳悋亦无所畏能與衆生佛之智慧如來
智慧自然智慧如來是一切衆生之大施主
汝等亦應隨學如來之法勿生慳悋於未來
世若有善男子善女人信如來智慧者當爲
演說此法華經使得聞知爲令其人得佛慧

演說此法華經使得聞知為令其人得佛慧
故若有衆生不信受者當於如来餘深法中
示教利喜汝等若能如是則為已報諸佛之
恩時諸菩薩摩訶薩聞佛作是說已皆大
歡喜遍滿其身益加恭敬曲躬低頭合掌
向佛俱發聲言如世尊勅當具奉行唯然世
尊願不有慮諸菩薩摩訶薩衆如是三反
俱發聲言如世尊勅當具奉行唯然世尊
願不有慮尒時釋迦牟尼佛令十方来諸分
身佛各還本土而作是言諸佛各隨所安多
寶佛塔還可如故說是語時十方无量分身
諸佛坐寶樹下師子座上者及多寶佛并上
行等无邊阿僧祇菩薩大衆舍利弗等聲聞
四衆及一切世間天人阿脩羅等聞佛所說皆

妙法蓮華經藥王菩薩本事品第二十三
爾時宿王華菩薩白佛言世尊藥王菩薩云何
遊於娑婆世界世尊是藥王菩薩有若干百
千万億那由他難行苦行善哉世尊願少解
説諸天龍神夜叉乾闥婆阿脩羅迦樓羅緊那
羅摩睺羅伽人非人等又他方國土諸來菩薩
及此聲聞衆聞皆歡喜爾時佛告宿王華菩
薩乃往過去无量恒河沙劫有佛号日月淨
明德如来應供正遍知明行足善逝世間解
无上士調御丈夫天人師佛世尊其佛有八
十億大菩薩摩訶薩七十二恒河沙大聲聞
衆佛壽四万二千劫菩薩壽命亦等彼國无
有女人地獄餓鬼畜生阿脩羅等及以諸難地
平如掌瑠璃所成寶樹莊嚴寶帳覆上垂寶
華幡寶瓶香爐周遍國界七寶爲臺一樹一

華幡寶瓶香鑪周遍國界七寶為臺一樹一
臺其樹去臺盡一箭道此諸寶樹皆有菩
薩聲聞而坐其下諸寶臺上各有百億諸
天作天伎樂歌歎於佛以為供養尒時彼佛
為一切衆生喜見菩薩及衆菩薩諸聲聞衆
說法華經是一切衆生喜見菩薩樂習苦行
於日月淨明德佛法中精進經行一心求佛
滿万二千歲已得現一切色身三昧得此三
昧已心大歡喜即作念言我得現一切色身
三昧皆是得聞法華經力我今當供養日月
淨明德佛及法華經即時入是三昧於虛空
中雨曼陀羅華摩訶曼陀羅華細末堅黑旃
檀滿虛空中如雲而下又雨海此岸旃檀之
香此香六銖價直娑婆世界以供養佛作是

樓婆畢力迦沉水膠香又飲瞻蔔諸華香油
滿千二百歲已香油塗身於日月淨明德佛
前以天寶衣而自纏身灌諸香油以神通願
力而自然身光明遍照八十億恒河沙世界
其中諸佛同時讚言善哉善哉善男子是
真精進是名真法供養如來若以華香瓔珞
燒香末香塗香天繒幡蓋及海此岸栴檀
之香如是等種種諸物供養所不能及假使
國城妻子布施亦所不及善男子是名第一
之施於諸施中最尊最上以法供養諸如來
故作是語已而各默然其身火然千二百歲
過是已後其身乃盡一切衆生喜見菩薩作
如是法供養已命終之後復生日月淨明德
佛國中於淨德王家結加趺坐忽然化生即

佛國中於淨德王家結加趺坐忽然化生即
為其父而說偈言
大王今當知 我經行彼處 即時得一切 現諸身三昧
勤行大精進 捨所愛之身
說是偈已而白父言日月淨明德佛今故現
在我先供養佛已得解一切眾生語言陁羅
尼復聞是法華經八百千万億那由他甄迦
羅頻婆羅阿閦婆等偈大王我今當還供養
此佛白已即坐七寶之臺上昇虛空高七多
羅樹往到佛所頭面礼足合十指爪以偈讚
佛
容顏甚奇妙 光明照十方 我適曾供養 今復還親覲
尒時一切眾生喜見菩薩說是偈已而白佛
言世尊世尊猶故在世尒時日月淨明德佛
告一切眾生喜見菩薩善男子我涅槃時

滅盡時至汝可安施床座我於今夜當般涅
槃又勅一切眾生喜見菩薩善男子我以佛
法屬累於汝及諸菩薩大弟子并阿耨多羅
三藐三菩提法亦以三千大千七寶世界諸
寶樹寶臺及給侍諸天悉付於汝我滅度後
所有舍利亦付屬汝當令流布廣設供養應
起若干千塔如是日月淨明德佛勅一切眾
生喜見菩薩已於夜後分入於涅槃尒時一
切眾生喜見菩薩見佛滅度悲感懊惱戀慕
於佛即以海此岸栴檀為𧂐供養佛身而以
燒之火滅已後收取舍利作八万四千寶瓶
以起八万四千塔高三世界表剎莊嚴垂諸
幡蓋懸眾寶鈴尒時一切眾生喜見菩薩復
自念言我雖作是供養心猶未足我今當更
供養舍利便語諸菩薩大弟子及天龍夜叉

供養舍利使語諸菩薩大弟子及天龍夜叉
等一切大衆汝等當一心念我今供養日月
淨明德佛舍利作是語已即於八万四千塔
前然百福莊嚴臂七万二千歲而以供養令
无數求聲聞衆无量阿僧祇人發阿耨多羅
三藐三菩提心皆使得住現一切色身三昧
尒時諸菩薩天人阿脩羅等見其无臂憂惱
悲哀而作是言此一切衆生憙見菩薩是我
等師教化我者而今燒臂身不具足于時一
切衆生憙見菩薩於大衆中立此誓言我捨
兩臂必當得佛金色之身若實不虛令我兩
臂還復如故作是誓已自然還復由斯菩薩福
德智慧淳厚所致當尒之時三千大千世界
六種震動天雨寶華一切人天得未曾有

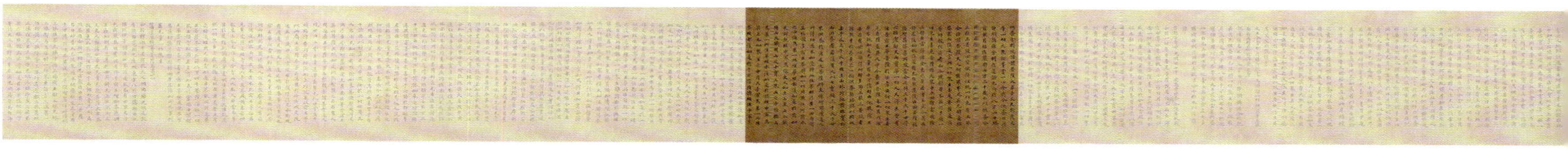

身布施如是无量百千万億那由他數宿王
華若有發心欲得阿耨多羅三藐三菩提者
能然手指乃至足一指供養佛塔勝以國城
妻子及三千大千國土山林河池諸珎寶物
而供養者若復有人以七寶滿三千大千世
界供養於佛及大菩薩辟支佛阿羅漢是人
所得功德不如受持此法華經乃至一四句偈
其福最多宿王華譬如一切川流江河諸水
之中海為第一此法華經亦復如是於諸如
來所說經中最為深大又如土山黑山小鐵
圍山大鐵圍山及十寶山眾山之中須弥山
為第一此法華經亦復如是於諸經中最為
其上又如眾星之中月天子最為第一此法
華經亦復如是於千万億種諸經法中最為

BD00377　妙法蓮華經（八卷本）卷七

華經亦復如是於千万億種諸經法中冣為
照明又如日天子能除諸闇此經亦復如是
能破一切不善之闇又如諸小王中轉輪聖
王冣為苐一此經亦復如是於衆經中冣為
其尊又如帝釋於三十三天中王此經亦復
如是諸經中王又如大梵天王一切衆生之
父此經亦復如是一切賢聖學无學及發菩
薩心者之父又如一切凡夫人中須陁洹斯
陁含阿那含阿羅漢辟支佛為苐一此經亦復
如是一切如来所說若菩薩所說若聲聞所
說諸經法中冣為苐一有能受持是經典者
亦復如是於一切衆生中亦為苐一一切聲聞
辟支佛中菩薩為苐一此經亦復如是於一
切諸經法中冣為苐一如佛為諸法王此經

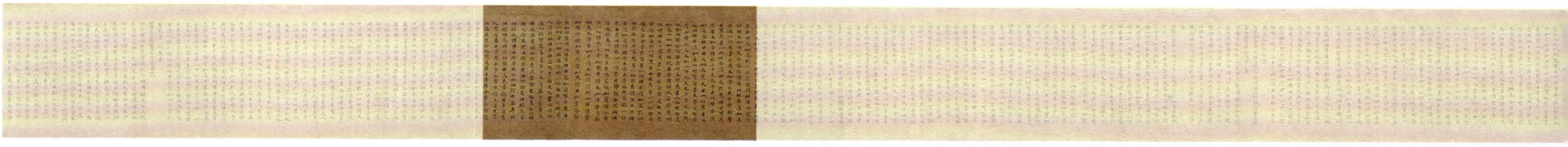

能大饒益一切衆生充滿其願如清涼池能
滿一切諸渴乏者如寒者得火如倮者得衣
如商人得主如子得母如渡得船如病得醫
如闇得燈如貧得寶如民得王如賈客得
海如炬除闇此法華經亦復如是能令衆生
離一切苦一切病痛能解一切生死之縛若
人得聞此法華經若自書若使人書所得功
德以佛智慧籌量多少不得其邊若書是
經卷華香瓔珞燒香末香塗香幡蓋衣服種
種之燈蘇燈油燈諸香油燈瞻蔔油燈須曼
油燈波羅羅油燈婆利師迦油燈那婆摩利
油燈供養所得功德亦復无量宿王華若有
人聞是藥王菩薩本事品者亦得无量无邊
功德若有女人聞是藥王菩薩本事品能受

功德若有女人聞是藥王菩薩本事品能受
持者盡是女身後不復受若如來滅後後五
百歲中若有女人聞是經典如說脩行於此
命終即往安樂世界阿弥陁佛大菩薩衆圍
遶住處生蓮華中寶座之上不復為貪欲所
惱亦復不為瞋恚愚癡所惱亦復不為憍慢
嫉妬諸垢所惱得菩薩神通无生法忍得是
忍已眼根清淨以是清淨眼根見七百万二
千億那由他恒河沙等諸佛如來是時諸佛
遥共讚言善哉善哉善男子汝能於釋迦牟
尼佛法中受持讀誦思惟是經為他人說所
得福德无量无邊火不能燒水不能漂汝之
功德千佛共說不能令盡汝今已能破諸魔
賊壞生死軍諸餘怨敵皆悉摧滅善男子百

佛乃至菩薩智慧禪定无有與汝等者宿王
華此菩薩成就如是功德智慧之力若有人
聞是藥王菩薩本事品能隨喜讚善者是人
現世口中常出青蓮華香身毛孔中常出牛
頭栴檀香所得功德如上所說是故宿王華
以此藥王菩薩本事品囑累於汝我滅度後
後五百歲中廣宣流布於閻浮提无令斷絕
惡魔魔民諸天龍夜叉鳩槃荼等得其便也
宿王華汝當以神通之力守護是經所以者
何此經則為閻浮提人病之良藥若人有病
得聞是經病即消滅不老不死宿王華汝若
見有受持是經者應以青蓮華盛滿末香供
散其上散已作是念言此人不久必當取草
坐於道場破諸魔軍當吹法螺擊大法鼓度

坐於道場破諸魔軍當吹法蠡擊大法鼓度
脫一切衆生老病死海是故求佛道者見有
受持是經典人應當如是生恭敬心說是藥
王菩薩本事品時八万四千菩薩得解一切
衆生語言陁羅尼多寶如來於寶塔中讚宿
王華菩薩言善哉善哉宿王華汝成就不可
思議功德乃能問釋迦牟尼佛如此之事利
益无量一切衆生

妙法蓮華經妙音菩薩品第廿四

尒時釋迦牟尼佛放大人相肉髻光明及放
眉間白毫相光遍照東方八百万億那由他
恒河沙等諸佛世界過是數已有世界名淨
光莊嚴其國有佛号淨華宿王智如來應供
正遍知明行足善逝世間解无上士調御丈

照其國尒時一切淨光莊嚴國中有一菩薩
名曰妙音久已殖衆德本供養親近无量百
千万億諸佛而悉成就甚深智慧得妙幢相
三昧法華三昧淨德三昧宿王戲三昧无緣
三昧智印三昧解一切衆生語言三昧集一
切功德三昧清淨三昧神通遊戲三昧慧炬
三昧莊嚴王三昧淨光明三昧淨藏三昧不
共三昧日旋三昧得如是百千万億恒河沙
等諸大三昧釋迦牟尼佛光照其身即白淨
華宿王智佛言世尊我當往詣娑婆世界礼
拜親近供養釋迦牟尼佛及見文殊師利法
王子菩薩藥王菩薩勇施菩薩宿王華菩薩
上行意菩薩莊嚴王菩薩藥上菩薩尒時淨
華宿王智佛告妙音菩薩汝莫輕彼國生下

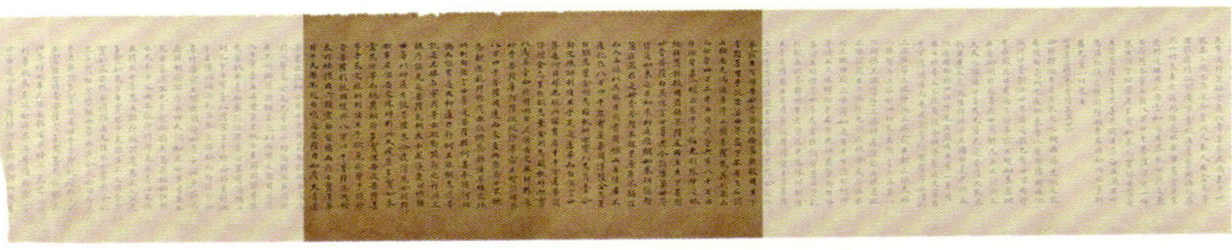

華宿王智佛告妙音菩薩汝莫輕彼國生下
劣想善男子彼娑婆世界高下不平土石諸
山穢悪充滿佛身卑小諸菩薩衆其形亦小
而汝身四万二千由旬我身六百八十万由
旬汝身第一端正百千万福光明殊妙是故
汝往莫輕彼國若佛菩薩及國土生下劣想
妙音菩薩白其佛言世尊我今詣娑婆世界
皆是如来之力如来神通遊戲如来功德智
慧莊嚴於是妙音菩薩不起于座身不動揺
而入三昧以三昧力於耆闍崛山去法座不
遠化作八万四千衆寶蓮華閻浮檀金為茎
白銀為葉金剛為鬚甄叔迦寶以為其臺尒
時文殊師利法王子見是蓮華而白佛言世
尊是何因緣先現此瑞有若干千万蓮華閻
浮檀金為茎白銀為葉金剛為鬚甄叔迦寶

妙音菩薩摩訶薩欲從淨華宿王智佛國與
八万四千菩薩圍遶而来至此娑婆世界供
養親近礼拜於我亦欲供養聽法華經文殊
師利白佛言世尊是菩薩種何善本脩何功
德而能有是大神通力行何三昧願為我等
說是三昧名字我等亦欲勤脩行之行此三
昧乃能見是菩薩色相大小威儀進止惟願
世尊以神通力彼菩薩来令我得見尒時釋
迦牟尼佛告文殊師利此久滅度多寶如来
當為汝等而現其相時多寶佛告彼菩薩善
男子来文殊師利法王子欲見汝身于時妙
音菩薩於彼國沒與八万四千菩薩俱共發
来所經諸國六種震動皆悉雨於七寶蓮華
百千天樂不鼓自鳴是菩薩目如廣大青蓮

百千天樂不鼓自鳴是菩薩目如廣大青蓮
華葉正使和合百千万月其面狠端正復過
於此身真金色无量百千功德莊嚴威德熾
盛光明焰曜諸相具足如那羅延堅固之身
入七寶臺上昇虛空去地七多羅樹諸菩薩
衆恭敬圍遶而來詣此娑婆世界耆闍崛山
到已下七寶臺以價直百千瓔珞持至釋迦
牟尼佛所頭面禮足奉上瓔珞而白佛言世
尊淨華宿王智佛問訊世尊少病少惱起
居輕利安樂行不四大調和不世事可忍不
衆生易度不无多貪欲瞋恚愚癡嫉妬慳慢
不无不孝父母不敬沙門邪見不善心不攝
五情不世尊衆生能降伏諸魔怨不久滅度
多寶如來在七寶塔中來聽法不又問訊多
寶如來安隱少惱堪忍久住不

牟尼佛語多寶佛是妙音菩薩欲得相見時
多寶佛告妙音菩薩言善哉善哉汝能為
供養釋迦牟尼佛及聽法華經并見文殊師
利等故來至此尒時華德菩薩白佛言
世尊是妙音菩薩種何善根脩何功德有
神力佛告華德菩薩過

BD00378　大般若波羅蜜多經卷二〇〇

（唐）玄奘 譯

435.1cm × 25.7cm

尒无别无
礙解大慈大悲大喜大捨十八佛不共法
清淨四无所畏乃至十八佛不共法清淨故
一切智智清淨何以故若受者清淨若四无
所畏乃至十八佛不共法清淨若一切智智
清淨无二无二分无别无斷故善現受者清
淨故无忘失法清淨无忘失法清淨故一切
智智清淨何以故若受者清淨若无忘失法
清淨若一切智智清淨无二无二分无别无
斷故受者清淨故恒住捨性清淨恒住捨性
清淨故一切智智清淨何以故若受者清淨
若恒住捨性清淨若一切智智清淨无二无
二分无别无斷故善現受者清淨故一切智
清淨一切智清淨故一切智智清淨何以故

若受者清淨若一切智清淨若一切智智清
淨无二无二分无別无斷故受者清淨故道
相智一切相智清淨道相智一切相智清淨
故一切智智清淨何以故若受者清淨若
道相智一切相智清淨若一切智智清淨无二
无二分无別无斷故善現受者清淨故一切
陁羅尼門清淨一切陁羅尼門清淨故一切
智智清淨何以故若受者清淨若一切陁羅
尼門清淨若一切智智清淨无二无二分无
別无斷故受者清淨故一切三摩地門清淨
一切三摩地門清淨故一切智智清淨何以
故若受者清淨若一切三摩地門清淨若一
切智智清淨无二无二分无別无斷故
善現受者清淨故預流果清淨預流果清淨
故一切智智清淨何以故若受者清淨若預

BD00378　大般若波羅蜜多經卷二〇〇

故一切智智清淨何以故若受者清淨若預
流果清淨若一切智智清淨无二无二分无
別无斷故受者清淨故一來不還阿羅漢果
清淨一來不還阿羅漢果清淨故一切智智
清淨何以故若受者清淨若一來不還阿羅
漢果清淨若一切智智清淨无二无二分无
別无斷故善現受者清淨故獨覺菩提清淨
獨覺菩提清淨故一切智智清淨何以故若
受者清淨若獨覺菩提清淨若一切智智清
淨无二无二分无別无斷故善現受者清淨
故一切菩薩摩訶薩行清淨一切菩薩摩訶
薩行清淨故一切智智清淨何以故若受者
清淨若一切菩薩摩訶薩行清淨若一切智

正等菩提清淨故一切智智清淨何以故若
受者清淨若諸佛无上正等菩提清淨若一
切智智清淨无二无二分无別无斷故
復次善現知者清淨故色清淨色清淨故一
切智智清淨何以故若知者清淨若色清淨
若一切智智清淨无二无二分无別无斷故
知者清淨故受想行識清淨受想行識清淨
故一切智智清淨何以故若知者清淨若受
想行識清淨若一切智智清淨无二无二分
无別无斷故善現知者清淨故眼處清淨眼
處清淨故一切智智清淨何以故若知者清
淨若眼處清淨若一切智智清淨无二无二
分无別无斷故知者清淨故耳鼻舌身意處
清淨耳鼻舌身意處清淨故一切智智清淨

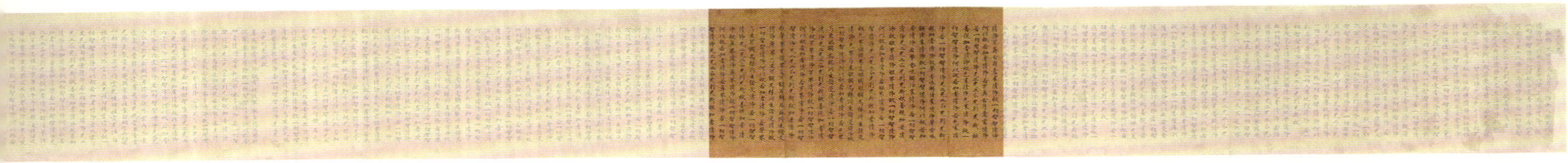

清淨耳鼻舌身意處清淨故一切智智清淨
何以故若知者清淨若耳鼻舌身意處清淨
若一切智智清淨无二无二分无別无斷故
善現知者清淨故色處清淨色處清淨故一
切智智清淨何以故若知者清淨若色處清
淨若一切智智清淨无二无二分无別无斷
故知者清淨故聲香味觸法處清淨聲香味
觸法處清淨故一切智智清淨何以故若知
者清淨若聲香味觸法處清淨若一切智智
清淨无二无二分无別无斷故善現知者清
淨故眼界清淨眼界清淨故一切智智清淨
何以故若知者清淨若眼界清淨若一切智
智清淨无二无二分无別无斷故知者清淨
[illegible]

清淨色界乃至眼觸爲緣所生諸受清淨故
一切智智清淨何以故若知者清淨若色界
乃至眼觸爲緣所生諸受清淨若一切智智
清淨无二无二分无別无斷故善現知者清
淨故耳界清淨耳界清淨故一切智智清淨
何以故若知者清淨若耳界清淨若一切智
智清淨无二无二分无別无斷故知者清淨
故聲界耳識界及耳觸耳觸爲緣所生諸受
清淨聲界乃至耳觸爲緣所生諸受清淨故
一切智智清淨何以故若知者清淨若聲界
乃至耳觸爲緣所生諸受清淨若一切智智
清淨无二无二分无別无斷故善現知者清
淨故鼻界清淨鼻界清淨故一切智智清淨
何以故若知者清淨若鼻界清淨若一切智
智清淨无二无二分无別无斷故知者清淨

智清淨无二无二分无別无斷故知者清淨
故香界鼻識界及鼻觸鼻觸為緣所生諸受
清淨香界乃至鼻觸為緣所生諸受清淨故
一切智智清淨何以故若知者清淨若香界
乃至鼻觸為緣所生諸受清淨若一切智智
清淨无二无二分无別无斷故善現知者清
淨故舌界清淨舌界清淨故一切智智清淨
何以故若知者清淨若舌界清淨若一切智
智清淨无二无二分无別无斷故知者清淨
故味界舌識界及舌觸舌觸為緣所生諸受
清淨味界乃至舌觸為緣所生諸受清淨故
一切智智清淨何以故若知者清淨若味界
乃至舌觸為緣所生諸受清淨若一切智智

淨故身界清淨身界清淨故一切智智清
何以故若知者清淨若身界清淨若一切智
智清淨无二无二分无別无斷故知者清淨
故觸界身識界及身觸身觸為緣所生諸受
清淨觸界乃至身觸為緣所生諸受清淨故
一切智智清淨何以故若知者清淨若觸界
乃至身觸為緣所生諸受清淨若一切智智
清淨无二无二分无別无斷故善現知者清
淨故意界清淨意界清淨故一切智智清淨
何以故若知者清淨若意界清淨若一切智
智清淨无二无二分无別无斷故知者清淨
故法界意識界及意觸意觸為緣所生諸受
清淨法界乃至意觸為緣所生諸受清淨故
一切智智清淨何以故若知者清淨若法界
乃至意觸為緣所生諸受清淨若一切智智

一切智智清淨何以故若知者清淨若
乃至意觸為緣所生諸受清淨若一切智智
清淨无二无二分无別无斷故善現知者清
淨故地界清淨地界清淨故一切智智清淨
何以故若知者清淨若地界清淨若一切智
智清淨无二无二分无別无斷故知者清淨
故水火風空識界清淨水火風空識界清淨
故一切智智清淨何以故若知者清淨若水
火風空識界清淨若一切智智清淨无二无
二分无別无斷故善現知者清淨故无明清
淨无明清淨故一切智智清淨何以故若知
者清淨若无明清淨若一切智智清淨无二
无二分无別无斷故知者清淨故行識名色
六處觸受愛取有生老死愁歎苦憂惱清淨
行乃至老死愁歎苦憂惱清淨故一切智智

清淨何以故若知者清淨若行乃至老死愁
歎苦憂惱清淨若一切智智清淨无二无二
分无別无斷故
善現知者清淨故布施波羅蜜多清淨布施
波羅蜜多清淨故一切智智清淨何以故若
知者清淨若布施波羅蜜多清淨若一切智
智清淨无二无二分无別无斷故知者清淨
故淨戒安忍精進靜慮般若波羅蜜多清
淨淨戒乃至般若波羅蜜多清淨故一切智智
清淨何以故若知者清淨若淨戒乃至般若
波羅蜜多清淨若一切智智清淨无二无二
分无別无斷故善現知者清淨故內空清淨
內空清淨故一切智智清淨何以故若知者
清淨若內空清淨若一切智智清淨无二无
二分无別无斷故知者清淨故外空內外空

内空清淨故一切智智清淨何以故若知者
清淨若内空清淨若一切智智清淨无二无
二分无別无斷故知者清淨故外空内外空
空空大空勝義空有為空无為空畢竟空
无際空散空无變異空本性空自相空共相空
一切法空不可得空无性空自性空无性自
性空清淨外空乃至无性自性空清淨故一
切智智清淨何以故若知者清淨若外空乃
至无性自性空清淨若一切智智清淨无二
无二分无別无斷故善現知者清淨故真如
清淨真如清淨故一切智智清淨何以故若
知者清淨若真如清淨若一切智智清淨无
二无二分无別无斷故知者清淨故法界法
性不虛妄性不變異性平等性離生性法定
法住實際虛空界不思議界清淨法界乃至

不思議界清淨故一切智智清淨何以故若
知者清淨若法界乃至不思議界清淨若一
切智智清淨无二无二分无別无斷故善現
知者清淨故苦聖諦清淨苦聖諦清淨故一
切智智清淨何以故若知者清淨若苦聖諦
清淨若一切智智清淨无二无二分无別无
斷故知者清淨故集滅道聖諦清淨集滅道
聖諦清淨故一切智智清淨何以故若知者
清淨若集滅道聖諦清淨若一切智智清淨
无二无二分无別无斷故善現知者清淨故四
靜慮清淨四靜慮清淨故一切智智清淨
何以故若知者清淨若四靜慮清淨若一切
智智清淨无二无二分无別无斷故知者清
淨故四无量四无色定清淨四无量 四无色
定清淨故一切智智清淨何以故若知者清

淨故四无量四无色定清淨四无量四无色
定清淨故一切智智清淨何以故若知者清
淨若四无量四无色定清淨若一切智智清
淨无二无二分无别无斷故善現知者清淨
故八解脫清淨八解脫清淨故一切智智清
淨何以故若知者清淨若八解脫清淨若一
切智智清淨无二无二分无别无斷故知者
清淨故八勝處九次第定十遍處清淨八勝
處九次第定十遍處清淨故一切智智清淨
何以故若知者清淨若八勝處九次第定十
遍處清淨若一切智智清淨无二无二分无
别无斷故善現知者清淨故四念住清淨四
念住清淨故一切智智清淨何以故若知者
清淨若四念住清淨若一切智智清淨无二
无二分无别无斷故知者清淨故四正斷四

神足五根五力七等覺支八聖道支清淨
正斷乃至八聖道支清淨故一切智智清淨
何以故若知者清淨若四正斷乃至八聖道
支清淨若一切智智清淨无二无二分无別
无斷故善現知者清淨故空解脫門清淨空
解脫門清淨故一切智智清淨何以故若知
者清淨若空解脫門清淨若一切智智清淨
无二无二分无別无斷故知者清淨故无相
无願解脫門清淨无相无願解脫門清淨故
一切智智清淨何以故若知者清淨若无相
无願解脫門清淨若一切智智清淨无二无
二分无別无斷故善現知者清淨故菩薩十
地清淨菩薩十地清淨故一切智智清淨何
以故若知者清淨若菩薩十地清淨若一切
智智清淨无二无二分无別无斷故

BD00378　大般若波羅蜜多經卷二〇〇

智智清淨无二无二分无別无斷故
善現知者清淨故五眼清淨五眼清淨故一
切智智清淨何以故若知者清淨若五眼清
淨若一切智智清淨无二无二分无別无斷
故知者清淨故六神通清淨六神通清淨故
一切智智清淨何以故若知者清淨若六神
通清淨若一切智智清淨无二无二分无別
无斷故善現知者清淨故佛十力清淨佛十
力清淨故一切智智清淨何以故若知者清
淨若佛十力清淨若一切智智清淨无二无
二分无別无斷故知者清淨故四无所畏四
无礙解大慈大悲大喜大捨十八佛不共法
清淨四无所畏乃至十八佛不共法清淨故
一切智智清淨何以故若知者清淨

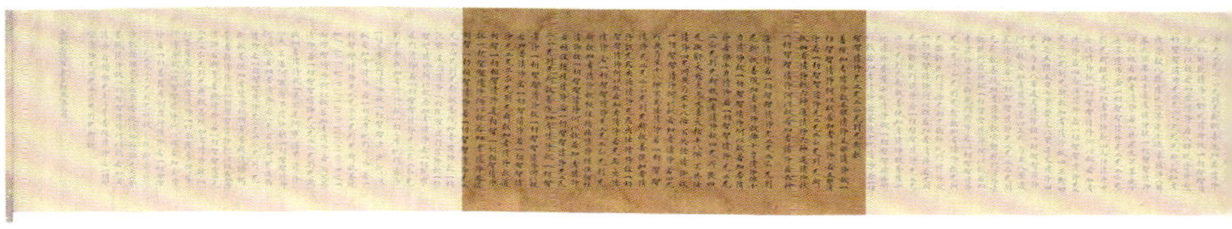

清淨无二无二分无別无斷故善現知者清
淨故无忘失法清淨无忘失法清淨故一切
智智清淨何以故若知者清淨若无忘失法
清淨若一切智智清淨无二无二分无別无
斷故知者清淨故恒住捨性清淨恒住捨性
清淨故一切智智清淨何以故若知者清淨
若恒住捨性清淨若一切智智清淨无二无
二分无別无斷故善現知者清淨故一切智
清淨一切智清淨故一切智智清淨何以故
若知者清淨若一切智清淨若一切智智清
淨无二无二分无別无斷故知者清淨故道
相智一切相智清淨道相智一切相智清淨
故一切智智清淨何以故若知者清淨若道
相智一切相智清淨若一切智智清淨无二

相智一切相智清淨若一切智智清淨无二
无二分无別无斷故善現知者清淨故一切
陁羅尼門清淨一切陁羅尼門清淨故一切
智智清淨何以故若知者清淨若一切陁羅
尼門清淨若一切智智清淨无二无二分无
別无斷故知者清淨故一切三摩地門清淨
一切三摩地門清淨故一切智智清淨何以
故若知者清淨若一切三摩地門清淨若一
切智智清淨无二无二分无別无斷故善現
知者清淨故預流果清淨預流果清淨故一
切智智清淨何以故若知者清淨若預流果
清淨若一切智智清淨无二无二分无別无斷
故知者清淨故一來不還阿羅漢果清淨
一來不還阿羅漢果清淨故一切智智清淨

何以故若知者清淨若一來不還阿羅漢果
清淨若一切智智清淨无二无二分无別无
斷故善現知者清淨故獨覺菩提清淨獨
覺菩提清淨故一切智智清淨何以故若知者
清淨若獨覺菩提清淨若一切智智清淨无
二无二分无別无斷故善現知者清淨故一
切菩薩摩訶薩行清淨一切菩薩摩訶薩
行清淨故一切智智清淨何以故若知者清
淨若一切菩薩摩訶薩行清淨若一切智智
清淨无二无二分无別无斷故善現知者清
淨故諸佛无上正等菩提清淨諸佛无上正等
菩提清淨故一切智智清淨何以故若知者
清淨若諸佛无上正等菩提清淨若一切智
智清淨无二无二分无別无斷故

BD00378　大般若波羅蜜多經卷二〇〇

智清淨无二无二分无别无斷故

大般若波羅蜜多經卷第二百

BD00379 維摩詰所説經卷下

（後秦）鳩摩羅什 譯

604.5cm × 25.5cm

為十
布施攝貧
忍辱攝瞋恚以精進攝
懈怠以禪定攝亂意以智慧攝愚癡說除
難法度八難者以大乘法度樂小乘者以諸
善根濟无德者常以　衆生是為十
彼菩薩曰菩薩成就　世界行无瘡
疣生于淨土維摩詰言菩薩成就八法於此
世界行无瘡疣生于淨土何等為八饒益衆
生而不望報代一切衆生受諸苦惱所作功
德盡以施之等心衆生謙下无礙於諸菩薩
視之如佛所未聞經聞之不疑不與聲聞而
相違背不嫉彼供不高己利而於其中調伏
其心常省己過不訟彼短恒以一心求諸功
德是為八維摩詰文殊師利於大衆中說是

法時百千天人皆發阿耨多羅三藐三菩提
心十千菩薩得无生法忍

菩薩行品第十一

是時佛說法於菴羅樹園其地忽然廣博
嚴事一切衆會皆作金色阿難白佛言世
尊以何因緣有此瑞應是處忽然廣博嚴
事一切衆會皆作金色佛告阿難是維摩詰
文殊師利與諸大衆恭敬圍遶發意欲來故
先為此瑞應於是維摩詰語文殊師利可共見
佛與諸菩薩礼事供養文殊師利言善哉行矣
今正是時維摩詰即以神力持諸大衆并師子
座置於右掌往詣佛所到已著地稽首佛足
右繞七迊一心合掌在一面立其諸菩薩即
皆避座稽首佛足亦繞七迊於一面立諸大
弟子釋梵四天王等亦皆避座稽首佛足在

弟子釋梵四天王等亦皆避座稽首佛足在
一面立於是世尊如法慰問諸菩薩已各令
復座即皆受教衆坐已定佛語舍利弗汝見
菩薩大士自在神力之所爲乎唯然已見汝
意云何世尊我覩其爲不可思議非意所圖
非度所測尒時阿難白佛言世尊今所聞香
自昔未有是爲何香佛告阿難是彼菩薩毛
孔之香於是舍利弗語阿難言我等毛孔亦
出是香阿難言此所從来曰是長者維摩詰
從衆香國取佛餘飯於舍食者一切毛孔皆
香若此阿難問維摩詰是香氣住當久如維
摩詰言至此飯消曰此飯久如當消曰此飯
勢力至于七日然後乃消又阿難若聲聞人
未入正位食此飯者得入正位然後乃消已
入正位食此飯者得心解脱然後乃消

發大乘意食此飯者至發意乃消已發意食
此飯者得无生忍然後乃消已得无生忍食
此飯者至一生補處然後乃消譬如有藥名
曰上味其有服者身諸毒滅然後乃消此飯
如是滅除一切諸煩惱毒然後乃消阿難白
佛言未曾有也世尊如此香飯能作佛事佛
言如是如是阿難或有佛土以佛光明而作
佛事有以諸菩薩而作佛事有以佛所化人
而作佛事有以菩提樹而作佛事有以佛衣
服臥具而作佛事有以飯食而作佛事有以
園林臺觀而作佛事有以三十二相八十隨
形好而作佛事有以佛身而作佛事有以虛
空而作佛事衆生應以此緣得入律行有以
夢幻影響鏡中像水中月熱時焰如是等喻
而作佛事又以音聲語言文字而作佛事或

而作佛事又以音聲語言文字而作佛事或
有清淨佛土寂漠无言无說无示无識无作无
為而作佛事如是阿難諸佛威儀進止諸所
施為无非佛事阿難有此四魔八万四千諸
煩惱門而諸衆生為之疲勞諸佛即以此法
而作佛事是名入一切諸佛法門菩薩入此
門者若見一切淨妙佛土不以為喜不貪不
高若見一切不淨佛土不以為憂不礙不没
但於諸佛生清淨心歡喜恭敬未曾有也諸
佛如來功德平等為教化衆生故而現佛土
不同阿難汝見諸佛國土地有若干而虛空
无若干也如是見諸佛色身有若干耳其无
礙慧无若干也阿難諸佛色身威德種姓戒
定智慧解脫解脫知見力无所畏不共之法
大慈大悲威儀所行及其壽命說法教化成

就衆生淨佛國土具諸佛法悉皆同等是故
名為三藐三佛陁名為多陁阿伽度名為佛
陁阿難若我廣說此三句義汝以劫壽不能
盡受正使三千大千世界滿中衆生皆如阿
難多聞第一得念揔持此諸人等以劫之壽
亦不能受如是阿難諸佛阿耨多羅三藐三
菩提无有限量智慧辯才不可思議阿難白
佛言我從今已往不敢自謂以為多聞佛告
阿難勿起退意所以者何我說汝於聲聞中
為最多聞非謂菩薩且止阿難其有智者不
應限度諸菩薩也一切海淵尚可測量菩薩
禪定智慧揔持辯才一切功德不可量也阿
難汝等捨置菩薩所行是維摩詰一時所現
神通之力一切聲聞辟支佛於百千劫盡力
變化所不能作

變化所不能作
尒時衆香世界菩薩來者合掌白佛言世尊
我等初見此土生下劣想今自悔責捨離是
心所以者何諸佛方便不可思議為度衆生
故隨其所應現佛國異唯然世尊願賜少法
還於彼土當念如來佛告諸菩薩有盡无盡
解脫法門汝等當學何謂為盡謂有為法何
謂无盡謂无為法如菩薩者不盡有為不住
无為何謂不盡有為謂不離大慈不捨大悲
深發一切智心而不忽忘教化衆生終不猒
惓於四攝法常念順行護持正法不惜軀命
種諸善根无有疲猒志常安住方便迴向求
法不懈說法无悋勤供養諸佛故入生死而无
所畏於諸榮辱心无憂喜不輕未學敬學如
佛墮煩惱者令發正念於遠離樂

[illegible]如地獄想於
生死中如園觀想見来求者為善師想捨諸
所有具一切智想見毀戒人起救護想諸波
羅蜜為父母想道品之法為眷屬想發行善
根无有齊限以諸淨國嚴餝之事成已佛土
行不限施具足相好除一切惡身口意淨生
死无數劫意而有勇聞佛无量德志而不惓
以智慧劒破煩惱賊出陰界入荷負衆生永
使解脫以大精進摧伏魔軍常求无念實相
智慧行少欲知足而不捨世間法不壞威儀
而能隨俗起神通慧引導衆生得念惣持所
聞不忘善別諸根斷衆生疑以樂說辯演法
无礙淨十善道受天人福脩四无量開梵天
道勸請說法隨喜讚善得佛音聲身口意善
得佛威儀深脩善法所行轉勝以大乘教成

得佛威儀深脩善法所行轉勝以大乘教成
菩薩僧心无放逸不失衆善行如此法是名
菩薩不盡有為何謂菩薩不住无為謂脩學
空不以空為證脩學无相无作不以无相无
作為證脩學无起不以无起為證觀於无常
而不猒善本觀世間苦而不惡生死觀於无
我而誨人不倦觀於寂滅而不永滅觀於遠
離而身心脩善觀无所歸而歸趣善法觀於
无生而以生法荷負一切觀於无漏而不斷
諸漏觀无所行而以行法教化衆生觀於空
无而不捨大悲觀正法位而不隨小乘觀諸法
虛妄无牢无人无主无相本願未滿而不虛
福德禪定智慧脩如此法是名菩薩不住无
為又具福德故不住无為具智慧故不盡有
為大慈悲故不住无為滿本願故不盡有為

集法藥故不住无為隨授藥故不盡有為
知衆生病故不住无為滅衆生病故不盡有
為諸正士菩薩已脩此法不盡有為不住无
為是名盡无盡解脫法門汝等當學尒時彼
諸菩薩聞說是法皆大歡喜以衆妙華若干
種色若干種香遍散三千大千世界供養於
佛及此經法并諸菩薩已稽首佛足歎未曾
有言釋迦牟尼佛乃能於此善行方便言已
忽然不現還到彼國

見阿閦佛品第十二

尒時世尊問維摩詰汝欲見如来為以何等
觀如来乎維摩詰言如自觀身實相觀佛亦
然我觀如来前際不来後際不去今則不住
不觀色不觀色如不觀色性不觀受想行識
不觀識如不觀識性非四大起同於虛空六

不觀識如不觀識性非四大起同於虛空六
入无積眼耳鼻舌身心已過不在三界三垢
已離順三脫門三明與无明等不一相不異
相不自相不他相非无相非取相不此岸不
彼岸不中流而化衆生觀於寂滅亦不永滅
不此不彼不以此不以彼不可以智知不可
以識識无晦无明无名无相无強无弱非淨
非穢不在方不離方非有為非无為无示无
說不施不慳不戒不犯不忍不恚不進不怠
不定不亂不智不愚不誠不欺不來不去不
出不入一切言語道斷非福田非不福田非
應供養非不應供養非取非捨非有相非无相
同真際等法性不可稱不可量過諸稱量非
大非小非見非聞非覺非知離衆結縛等諸
智同衆生於諸法无分別一切无失无濁

惱无作无起无生无滅无畏无憂无喜无厭
无著无已有无當有无今有不可以一切言
說分別顯示世尊如来身為若此作如是觀
以斯觀者名為正觀若他觀者名為耶觀
尒時舍利弗問維摩詰汝於何沒而来生此
維摩詰言汝所得法有沒生乎舍利弗言无
沒生也若諸法无沒生相云何問言汝於何
沒而来生此於意云何譬如幻師幻作男女
寧沒生耶舍利弗言无沒生也汝豈不聞佛
說諸法如幻相乎答曰如是若一切法如幻
相者云何問言汝於何沒而来生此舍利弗
沒者為虛誑法壞敗之相生者為虛誑法相
續之相菩薩雖沒不盡善本雖生不長諸惡
是時佛告舍利弗有國名妙喜佛号无動是
維摩詰於彼國沒而来生此舍利弗言未曾

BD00379　維摩詰所説經卷下

是時佛告舍利弗有國名妙喜佛号无動是
維摩詰於彼國没而来生此舍利弗言未曾
有也世尊是人乃能捨清淨土而来樂此多
怒害處維摩詰語舍利弗於意云何日光出
時與冥合乎荅曰不也日光出時則无衆冥
維摩詰言夫日何故行閻浮提荅曰欲以明
照為之除冥維摩詰言菩薩如是雖生不淨
佛土為化衆生不與愚闇而共合也但滅衆
生煩惱闇耳是時大衆渴仰欲見妙喜世界
不動如来及其菩薩聲聞之衆佛知一切衆
會所念告維摩詰言善男子為此衆會現
妙喜國不動如来及諸菩薩聲聞之衆衆皆
欲見於是維摩詰心念吾當不起于座接妙
喜國鐵圍山川溪谷江河大海泉源須弥諸
山及日月星宿天龍鬼神梵天宫等并諸菩

聲聞之衆城邑聚落男女大小乃至无動
如来及菩提樹諸妙蓮華能於十方作佛事者
三道寶階從閻浮提至忉利天以此寶階諸
天来下悉為礼敬无動如来聽受經法閻浮
提人亦登其階上昇忉利見彼諸天妙喜世
界成就如是无量功德上至阿迦膩咤天下
至水際以右手斷取如陶家輪入此世界猶
持華鬘示一切衆作是念已入於三昧現神
通力以其右手斷取妙喜世界置於此土彼
得神通菩薩及聲聞衆并餘天人俱發聲
言唯然世尊誰取我去願見救護无動佛言
非我所為是維摩詰神力所作其餘未得神通
者不覺不知己之所往妙喜世界雖入此土而
不增減於是世界亦不迫隘如本无異尒時
釋迦牟尼佛告諸大衆汝等且觀妙喜世

不增減於是世界亦不迫隘如本无異尒時
釋迦牟尼佛告諸大衆汝等且觀妙喜世
界无動如來其國嚴飾菩薩行淨弟子清白
皆曰唯然已見佛言若菩薩欲得如是清淨
佛土當學无動如來所行之道現此妙喜國
時娑婆世界十四那由他人發阿耨多羅三
藐三菩提心皆願生於妙喜佛土釋迦牟尼
佛即記之曰當生彼國時妙喜世界於此國
土所應饒益其事訖已還復本處舉衆皆見
佛告舍利弗汝見此妙喜世界及无動佛不
唯然已見世尊願使一切衆生得清淨土如
无動佛獲神通力如維摩詰世尊我等快得
善利得見是人親近供養其諸衆生若今現
在若佛滅後聞此經者亦得善利况復聞已
信解受持讀誦解說如法脩行若有手得是

經典者便為已得法寶之藏若有讀誦解說
其義如說脩行則為諸佛之所護念其有供
養如是人者當知則為供養於佛其有書持
此經卷者當知其室則有如來若聞是經能
隨喜者斯人則為取一切智若能信解此經
乃至一四句偈為他說者當知此人即是受
阿耨多羅三藐三菩提記
法供養品第十三
尒時釋提桓因於大眾中白佛言世尊我雖
從佛及文殊師利聞百千經未曾聞此不可
思議自在神通決定實相經典如我解佛所
說義趣若有眾生聞是經法信解受持讀誦
之者必得是法不疑何況如說脩行斯人則
為閉眾惡趣開諸善門常為諸佛之所護念
降伏外學摧滅魔怨脩治菩提安處道場履

降伏外學權滅魔怨脩治菩提安處道場履
踐如來所行之跡世尊若有受持讀誦如說
脩行者我當與諸眷屬供養給事所在聚
落城邑山林曠野有是經處我亦與諸眷屬聽
受法故共到其所其未信者當令生信其已
信者當為作護佛言善哉善哉天帝如汝所
說吾助尒喜此經廣說過去未來現在諸佛
不可思議阿耨多羅三藐三菩提是故天帝
若善男子善女人受持讀誦供養是經者則
為供養去來今佛天帝正使三千大千世界
如來滿中譬如甘蔗竹葦稻麻叢林若有善
男子善女人或一劫或減一劫恭敬尊重讚
歎供養奉諸所安至諸佛滅後以一一全身
舍利起七寶塔縱廣一四天下高至梵天表
剎莊嚴以一切華香瓔珞幢幡伎樂微妙第

一若一劫若減一劫而供養之於天帝意云
何其人殖福寧為多不釋提桓因言多矣世
尊彼之福德若以百千億劫說不能盡佛告
天帝當知是善男子善女人聞是不可思議
解脫經典信解受持讀誦脩行福多於彼所
以者何諸佛菩提皆從是生菩提之相不可
限量以是因緣福不可量佛告天帝過去无
量阿僧祇劫時世有佛号曰藥王如来應供
正遍知明行足善逝世間解无上士調御丈
夫天人師佛世尊世界曰大莊嚴劫曰莊嚴
佛壽二十小劫其聲聞僧三十六億那由他
菩薩僧有十二億天帝是時有轉輪聖王名
曰寶蓋七寶具足主四天下王有千子端正
勇健能伏怨敵尒時寶蓋與其眷屬供養藥
王如来施諸所安至滿五劫過五劫已告其

王如来施諸所安至滿五劫過五劫已告其
千子汝等亦當如我以深心供養於佛於是
千子受父王命供養藥王如来復滿五劫一
切施安其王一子名曰月盖獨坐思惟寧有
供養殊過此者以佛神力空中有天曰善男
子法之供養勝諸供養即問何謂法之供養
天曰汝可往問藥王如来當廣為汝說法之
供養即時月盖王子行詣藥王如来稽首
佛足却住一面白佛言世尊諸供養中法供
養勝云何為法供養佛言善男子法供養
者謂諸佛所說深經一切世間難信難受微
妙難見清淨无染非但分別思惟之所能得
菩薩法藏所攝陀羅尼印印之至不退轉成
就六度善分別義順菩提法衆經之上入大

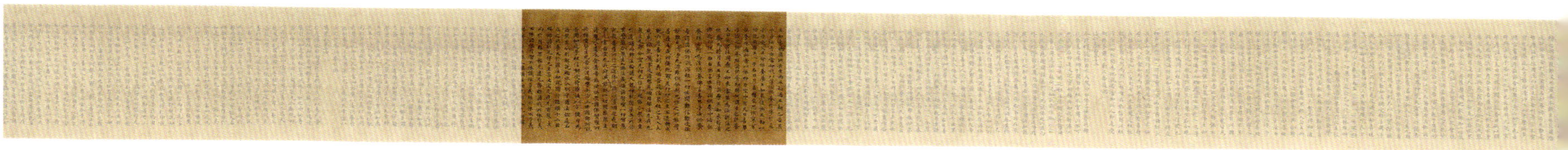

慈悲離衆魔事及諸耶見順因緣法无我无
衆生无壽命空无相无作无起能令衆生坐
於道場而轉法輪諸天龍神乾闥婆等所共
嘆譽能令衆生入佛法藏攝諸賢聖一切智慧
說衆菩薩所行之道依於諸法實相之義明
宣无常苦空无我寂滅之法能救一切毀禁衆生
諸魔外道及貪著者能使怖畏諸佛賢聖所
共稱嘆背生死苦示涅槃樂十方三世諸佛所說
若聞如是等經信解受持讀誦以方便力為
諸衆生分別解說顯示分明守護法故是名
法之供養又於諸法如說脩行隨順十二因
緣離諸耶見得无生忍決定无我无有衆生
而於因緣果報无違无諍離諸我所依於義
不依語依於智不依識依了義經不依不了義
經依於法不依人順法相无所入无所歸

不依語依於智不依識依了義經不依不了義
經依於法不依人隨順法相无所入无所歸
无明畢竟滅故諸行亦畢竟滅乃至生畢
竟滅故老死亦畢竟滅作如是觀十二因緣
无有盡相不復起見是名最上法之供養佛
告天帝王子月蓋從藥王佛聞如是法得柔
順忍即解寶衣嚴身之具以供養佛白佛言
世尊如來滅後我當行法供養守護正法願
以威神加哀建立令我得降魔怨脩菩薩行
佛知其深心所念而記之曰汝於末後護持
法城天帝時王子月蓋見法清淨聞佛授記
以信出家脩集善法精進不久得五神通通菩
薩道得陁羅尼无斷辯才於佛滅後以其所
得神通揔持辯才之力滿十小劫藥王如来
所轉法輪隨而分布月蓋比丘以護持法勤

行精進即於此身化百千億人於阿耨多羅
三藐三菩提立不退轉十四那由他人深發
聲聞辟支佛心无量衆生得生天上天帝時
王寶蓋豈異人乎今現得佛号寶焰如来
其王千子即賢劫中千佛是也從迦羅鳩村䭾
為始得佛最後如来号曰樓至月蓋比丘則
我身是也如是天帝當知此要以法供養於
諸供養為上為最第一无比是故天帝當以
法之供養供養於佛

囑累品第十四

於是佛告弥勒菩薩言弥勒我今以是无量
億阿僧祇劫所集阿耨多羅三藐三菩提付
囑於汝如是輩經於佛滅後末世之中汝等
當以神力廣宣流布於閻浮提无令斷絕所
以者何未来世中當有善男子善女人及天
龍鬼神乾闥婆羅剎等發阿耨多羅三藐三

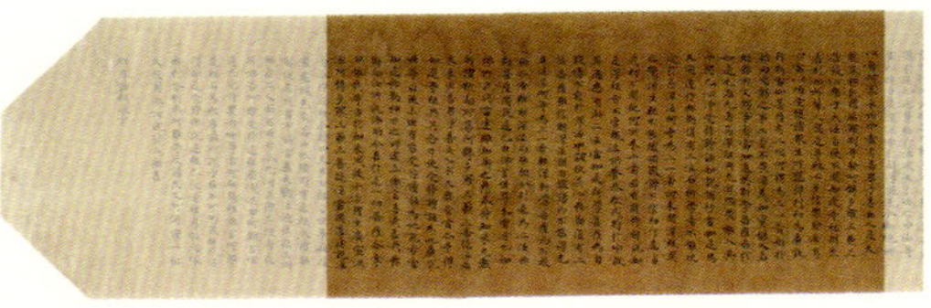

以者何未来世中當有善男子善女人及天
龍鬼神乾闥婆羅刹等發阿耨多羅三藐三
菩提心樂于大法若使不聞如是等經則失
善利如此輩人聞是等經必多信樂發希有
心當以頂受隨諸衆生所應得利而為廣說
弥勒當知菩薩有二相何謂為二一者好於
雜句文飾之事二者不畏深義如實能入若
好雜句文飾事者當知是為新學菩薩若於
如是无染无著甚深經典无有恐畏能入其
中聞已心淨受持讀誦如說脩行當知是為
久脩道行弥勒復有二法名新學者不能決
定於甚深法何等為二一者所未聞深經聞
之驚怖生疑不能隨順毀謗不信而作是言
我初不聞從何所来二者若有護持解說如
是深經者不肯親近共養恭敬或於其中說

其過惡有此二法當知是新學菩薩為自
毀傷不能扵深法中調伏其心弥勒復有二
法菩薩雖信解深法猶自毀傷而不能得无
生法忍何等為二一者輕慢新學菩薩而不教
誨二者雖解深法而取相分別是為二法弥
勒菩薩聞說是已白佛言世尊未曾有也如
佛所說我當遠離如斯之惡奉持如来无數
阿僧祇劫所集阿耨多羅三藐三菩提法若
未来世善男子善女人求大乘者當令手得
如是等經與其念力使受持讀誦為他廣說
世尊若後末世有能受持讀誦為他說者當
知是弥勒神力之所建立佛言善哉善哉弥
勒如汝所說佛助尒喜扵是一切菩薩合掌
白佛我等亦扵如来滅後十方國土廣宣流
布阿耨多羅三藐三菩提復當開導諸說法

布阿耨多羅三藐三菩提復當開導諸說法
者令得是經尒時四天王白佛言世尊在在
處處城邑聚落山林曠野有是經卷讀誦
解說者我當率諸官屬為聽法故往詣其所
擁護其人面百由旬令无伺求得其便者是
時佛告阿難受持是經廣宣流布阿難言唯
我已受持要者世尊當何名斯經佛言阿難
是經名為維摩詰所說亦名不可思議解脫法
門如是受持佛說是經已長者維摩詰文殊
師利舍利弗阿難等及諸天人阿脩羅一切
大衆聞佛所說皆大歡喜

維摩詰經卷下

BD00379　維摩詰所説經卷下

圖書在版編目（CIP）數據

中國國家圖書館藏敦煌文獻．第二七册／中國國家圖書館編．—北京：國家圖書館出版社，2023.12

ISBN 978-7-5013-7902-6

Ⅰ．①中… Ⅱ．①中… Ⅲ．①敦煌學－文獻 Ⅳ．①K870.6

中國國家版本館CIP數據核字（2023）第217354號

書　　名	中國國家圖書館藏敦煌文獻・第二七册
著　　者	中國國家圖書館　編
項目統籌	魏　崇　殷夢霞
責任編輯	黄　鑫　程魯潔　潘　竹　苗文葉
責任校對	劉　倩　王　衡
出版發行	國家圖書館出版社（北京市西城區文津街7號　100034） （原書目文獻出版社　北京圖書館出版社） 010-66114536　63802249　nlcpress@nlc.cn（郵購）
網　　址	http://www.nlcpress.com
排版印裝	天津裕同印刷有限公司
版次印次	2023年12月第1版　2023年12月第1次印刷
開　　本	787×1092　1/8
印　　張	42.5
書　　號	ISBN 978-7-5013-7902-6
定　　價	2800.00圓